梦想激励人生

梦想

激励人生

主　编◎张荣烈　古　瑛

副主编◎麦伟平　于东辉

播洒励志文化　点燃青春梦想

激励大学生们发奋前行

暨南大学出版社

JINAN UNIVERSITY PRESS

中国·广州

图书在版编目（CIP）数据

梦想激励人生/张荣烈，古瑛主编；麦伟平，于东辉副主编. —广州：暨南大学出版社，2018.12

ISBN 978-7-5668-2186-7

Ⅰ.①梦⋯ Ⅱ.①张⋯ ②古⋯ ③麦⋯ ④于 Ⅲ.①散文集—中国—当代 Ⅳ.①I267

中国版本图书馆 CIP 数据核字（2017）第 219216 号

梦想激励人生
MENGXIANG JILI RENSHENG
主　编：张荣烈　古　瑛　副主编：麦伟平　于东辉

出 版 人：徐义雄
责任编辑：古碧卡　高　婷
责任校对：彭　睿
责任印制：汤慧君　周一丹

出版发行：暨南大学出版社（510630）
电　　话：总编室（8620）85221601
　　　　　营销部（8620）85225284　85228291　85228292（邮购）
传　　真：（8620）85221583（办公室）　85223774（营销部）
网　　址：http://www.jnupress.com
排　　版：广州市科普电脑印务部
印　　刷：广州家联印刷有限公司
开　　本：787mm×1092mm　1/16
印　　张：11.25
字　　数：230 千
版　　次：2018 年 12 月第 1 版
印　　次：2018 年 12 月第 1 次
定　　价：38.00 元

（暨大版图书如有印装质量问题，请与出版社总编室联系调换）

梦想激励人生：一个播洒励志文化大平台

◆ 张荣烈（广州城市职业学院学生处处长）

中国梦是对青年大学生的深刻召唤，中国梦的实现需要千万学子的不懈追求。为了坚定青年大学生中国特色社会主义理想信念，激励他们敢于担当、敢于追梦，2012 年 9 月，广州城市职业学院启动大学生励志教育工程，搭建了由广州城市职业学院与广东广播电视台、广州市心海榕社工中心"三方协同"，学院、传媒、社会公益机构与学生"四方联动"的励志文化教育大平台——"梦想激励人生"。

时至今日，"梦想激励人生"已经成功举办了 10 期活动，在持续不断的励志教育、一个个鲜活的榜样引领下，在校园里播洒了励志文化，点燃了一届又一届青年大学生潜藏内心的青春梦想，成为激励大学生们砥砺前行的持久精神动力。本书正是对嘉宾们在追梦路上面对挫折的坚韧不拔以及遇到困难的无畏精神的记录，它让人铭记并必将恒久地催人奋进。

为扩大"梦想激励人生"的影响力，巩固励志文化教育成果，惠及更多学子，我们收录了 2012—2016 年"梦想激励人生"10 期活动主讲嘉宾的现场演讲、访谈实录，通过文字来传递嘉宾们在追梦路上促人奋进的拼搏精神；本书还包含特邀嘉宾点评、大学生听众感想等内容，旨在更深刻地展现和分享嘉宾的风采和砥砺前进的动人故事的深刻寓意。

"梦想激励人生"是以励志为出发点，以提升大学生创新创业意识和能力为切入点，搭建学校、社会公益机构、官方媒体"三方协同"的制度化平台；通过嘉宾亲述、心理专家专业引导、官方媒体精准宣传，建构了"科学切入、三方协同、专业辅导、公益经济"的励志教育模式，形成可复制、可推广、可持续向大学生传递爱国、敬业、诚信、友善价值观和敢于拼搏追梦精神的励志文化播洒大平台。

俗话说，众人拾柴火焰高。"梦想激励人生"平台的搭建及其有效运行，凝聚了师生及社会各界人士的智慧和辛勤付出，每一期活动的举办都体现了众志成城的精神：首先是活动策划——学院主导，媒体、公益机构参与，学生社团承办；其次是活动过程——嘉宾主讲，心理专家引导，嘉宾与师生互动；最后是后续活动——学院与媒体同步传播，由点到面辐射。每一期活动后，新闻媒体均以新闻广播、电视播报、网站宣传等方式向社会推送活动全过程及其成效。活动先后被中央人民广播电台华夏之声、广东广播电视台新闻广播、广东广播电视台会展频道、广州电视台新闻频道、《信息时报》、《南方都市报》、《广东科技报》等多家媒体报道 17 次；学院学生处则牵头将嘉宾演讲、访谈内容制作成视频，通过校园网推送给师生，同时组织学生开展观后感征文大赛及"梦想激励人生"主题教育活动，辅导员指导学生把梦想与专业学习、创新创业活动、职业生涯发展相结合，脚踏实地地把美好的梦想变成具体目标、路线图和时间表，让全体同学焕发出最大创造力。

"梦想激励人生"活动是一个"闭环促进系统"。从活动策划、活动过程到后续活动一气呵成，由点到面辐射全体学生，并将活动影响力延伸到社会，成果彰显。

一、励志文化深入人心，"梦想激励人生"成为榜样平台

社会成功人士的标杆效应及经历分享让学生直观体验榜样所蕴含的精神品质、道德价值和人格魅力，从而对社会主义核心价值观形成自觉认知并外化于行；心理专家的参与及点评为大学生实现梦想提供心理支持；后续的主题班会、演讲比赛、征文比赛、励志爱心行等系列活动则深化教育意义，感染更多同学奋发前行。截至 2017 年 6 月，现场聆听"梦想激励人生"嘉宾分享成功经历的师生超过 7 900 人，后续活动参与者更是辐射到全校师生。"你的梦想是什么？"成为校园热门话题；"心里有阳光处处有阳光""不待扬鞭自奋蹄""抓住技术细节：成一事！夯就思想细节：成一世！""世界不会因为你的喜好而改变，只有自身的强大才能有更多的机会立于不败之地！"等嘉宾的励志格言成为同学间相互支持鼓励的常用语。

二、"三方协同、四方联动"，校园文化育人品牌效应凸显

一是学院、媒体、社会公益机构形成合力。"梦想激励人生"嘉宾的到来，得益于广东广播电视台、广州市心海榕社工中心、广东狮子会等媒体和公益机构的鼎力帮助，形成"三方协同、四方联动"格局，使平台源源不断地获得社会成功人士的无私支持。

二是机制和制度保障。"梦想激励人生"是我院文化育人机制"一课三平台"中的重要平台（一课即"国学精粹"课程，三平台即"城市国学讲坛""城市色彩讲坛""梦想激励人生"），得到校领导高度重视，有专项经费支持，组织实施的团队领导及骨干成员年轻有为，有梦想、有激情。平台建设和组织实施制度化，具有可持续性。

因此，自项目开展以来，每期活动都是一次大型的盛典，每期活动都是一场梦想的盛宴。连续 10 期的盛大场面，连续 10 场的鲜花和掌声都离不开项目的有力组织和各方协同，这是"梦想激励人生"生命力所在。

2015 年，我院"梦想激励人生"在广东省"百系列"学校德育优秀成果展示活动中，荣获"以德立校"系列三等奖。2017 年 1 月，"梦想激励人生——播撒励志文化大平台"获 2016 年广东省高校校园文化建设优秀成果评选二等奖。

三、各方力量齐聚，形成多方共赢的励志文化教育模式

"梦想激励人生"平台，由于其响应大学生创新追梦的时代需求，加上有影响力的媒体以及公益机构的深度参与而具有良好的影响力和感召力。平台充分借助大型媒体，让教育内容的传播方式从单向走向双向，从点走向面，突破了时间和空间的隔阂，增强了网络思政教育的实效。

经过五年实践，"梦想激励人生"除了提升大学生励志感恩意识外，在嘉宾梦想分享的过程中，学生在职业生涯规划意识、人生的追求、创新创业理念等方面都得到了深刻的启发。生命的滋养是相互的，根据我们对嘉宾的后续采访发现，嘉宾在与学生的互动过程中，也会被学生反激励。嘉宾似乎回到了当年激情燃烧的岁月。

"梦想激励人生"平台必将砥砺前行。此刻，在本书即将出版之际，我们满怀感恩之心、激动之情，对无私支持这个励志文化教育平台的嘉宾致以崇高的敬意！尽管各位嘉宾的追梦历程各不相同，但是，他们脚踏实地、奋发有为、无私奉献的精神激励着青年学子不遗余力地走在时代前列；对在各场活动中始终与我们并肩作战的广东广播电视台新闻广播总监麦伟平、心海榕社工中心心理专家于东辉老师，以及负责策划组织、统筹协调工作的古瑛副处长、各位辅导员老师表示感谢！特别感谢以下几位辅导员老师及艺术设计系副主任李华的辛勤付出，在本书编写过程中，她们具体负责如下篇目：朱敏（第一期），郝媛媛（第二期），洪美珊（第三期），

吴春萍（第四期），陈纯莹（第五期），何思悦、李霞（第六期），杨惠（第七期），李华、刘念（第九期），刘念（第八期、第十期）。广大师生以及社会各界的鼎力支持和无私奉献，是"梦想激励人生"平台前进的不竭动力！

2017 年 6 月 9 日

青春需要励志，梦想成就人生

◆ 麦伟平（广东广播电视台新闻广播总监）

始于 2012 年，我们广东广播电视台新闻广播和广州城市职业学院、心海榕社工中心共同主办了"梦想激励人生"活动，至今已有五个年头。今天，这本记录活动中励志嘉宾故事的图书在我们三家机构的共同努力下得以出版，可喜可贺！

每次活动中，我们的团队都来到广州城市职业学院，和同学们一道分享励志嘉宾那种积极向上、奋勇拼搏的精神，作为其中之一的活动策划者与参与者，我们自己本身也受益匪浅，因为我们总会感受到其中昂扬的斗志和澎湃的激情。

什么是人生？有人说，人生是逆流而上的孤舟，你停下来就会倒退，想要前进就得付出很大的辛劳。有人说，人生是浩瀚的宇宙，让你总有那么多的期待，那么多的捉摸不透。每个人对人生都有不同的看法，因为每个人都拥有自己的人生。人生是一本用生命谱写的书，你愿意也好，不愿意也罢，非写不可。人生是什么并不重要，重要的是你对人生的态度。人生没有草稿，中间也许避免不了错误、跑题，或者是突然没有了灵感的窘境，但只要拥有"梦想"这个题目，我们仍然可以有一段精彩的故事。

梦想，它记录了我们追求美好所经历的所有，是我们人生中走过一段路程后，回首时也能得到点点滴滴的安慰，是支持我们继续走下去的奇迹。

希望"梦想激励人生"活动能继续保持励志与激情的特点，以活动为载体，更有效地提高同学们的精神文化素养，把"梦想激励人生"的美好力量推向校园，再走出校园。这里，已经有了一个良好的开端，也将会有一个美好的延续。衷心祝愿同学们在接下来的大学生活乃至以后的人生道路上，以奋斗的精神坚定地走下去。

怀抱梦想，自强不息

◆于东辉（心海榕社工中心心理专家）

人生的最大推动力究竟会是什么？

许多人的回答是利益，于是在这个世界上，因为利益的得失而造成的烦恼与痛苦越来越多。但事实上，人生的最大推动力，应该是梦想！

当人们为了梦想而奋力推动自己前行时，才能获得更美好的结局！即使是未能实现的梦想，也最终会变成一道温暖的光，照亮前路！

也正是因为这个原因，心海榕社工中心的成立，以及"梦想激励人生"平台的诞生，其实也正是一颗颗梦想的种子不断发育的结果。

因为汶川心理救援后一批义工的微小梦想，心海榕社工中心坚持走了九年的心理公益道路！

在这里，尤其要感恩第一位嘉宾胡小燕女士，正是由于她的付出，心海榕社工中心不仅拥有了一位重量级的优秀的义工，更让这个公益项目拥有良好的开端，能够不断延续下去，华丽蜕变为一个展现优秀生命的梦想舞台。

还要感谢诸位嘉宾的加入，他们的生命故事，已经成为无数参与者的梦想种子，相信在不久的将来，会有无数的梦想种子生根发芽，最终开花结果，变成一片梦想的田野！

尤其是与广东广播电视台新闻广播、广州城市职业学院的合作，让心海榕社工们从中也学习到了许多！

今天，前十位嘉宾的故事，通过广州城市职业学院诸位学人的努力，已经变成一本鼓舞人心的作品，我的内心非常感恩！

深盼本书也能成为一颗梦想的种子，走进更多人的心田，并生根发芽，开出美丽的花！

目 录

序 一 梦想激励人生： 一个播洒励志文化大平台

　　张荣烈（广州城市职业学院学生处处长）／1

序 二 青春需要励志， 梦想成就人生

　　麦伟平（广东广播电视台新闻广播总监）／1

序 三 怀抱梦想， 自强不息

　　于东辉（心海榕社工中心心理专家）／1

第一期 所有梦想都开花

全国首位农民工人大代表胡小燕传奇人生分享会／1

　　心理专家于东辉导读／1

　　一、分享会访谈实录／2

　　二、现场提问环节／14

　　三、现场心理环节／16

　　四、学生征文精彩选段／21

　　生涯专家吴沙点评／23

第二期 不待扬鞭自奋蹄

珠江钢琴集团股份有限公司施少斌董事长奋斗人生分享会／24

　　心理专家于东辉导读／24

　　一、嘉宾演讲实录／25

　　二、现场提问环节／31

　　三、学生征文精彩选段／33

　　生涯专家吴沙点评／35

第三期 让梦想照进现实

怀集县文星儿童福利中心大爱妈妈苏寅莲梦想分享会／36

　　心理专家于东辉导读／36

　　一、分享会访谈实录／37

二、现场提问环节 / 47

三、现场心理环节 / 48

四、学生征文精彩选段 / 49

生涯专家吴沙点评 / 51

第四期　让青春之梦起航

广东狮子会2013—2014 年度会长，霍尼韦尔腾高电子系统（广州）
有限公司董事蔡力就业创业分享会 / 52

心理专家于东辉导读 / 52

一、嘉宾演讲实录 / 53

二、现场提问环节 / 56

三、现场心理环节 / 58

四、学生征文精彩选段 / 59

生涯专家吴沙点评 / 61

第五期　用梦想点亮人生

广州白云山汉方现代药业有限公司董事长、总经理黄翔追梦人生
分享会 / 62

心理专家于东辉导读 / 62

一、嘉宾演讲实录 / 63

二、现场提问环节 / 72

三、学生征文精彩选段 / 75

生涯专家吴沙点评 / 77

第六期　将梦想付诸行动

广东省励志成长成才优秀学生典型苏达智励志人生分享会 / 78

心理专家于东辉导读 / 79

一、嘉宾演讲实录 / 80

二、现场提问环节 / 85

三、现场心理环节 / 87

四、学生征文精彩选段 / 88

生涯专家吴沙点评 / 90

第七期　追梦路上不停步

中山大学女博士王玉"从大专生到博士生"风雨兼程求学路分享会／91

心理专家于东辉导读／91

一、嘉宾演讲实录／92

二、现场心理环节／97

三、学生征文精彩选段／98

生涯专家吴沙点评／100

第八期　引爆梦想核动力

广州市诚际投资发展有限公司董事长潘伟成"从五块钱开始"创业故事
分享会／101

心理专家于东辉导读／101

一、嘉宾演讲实录／102

二、现场提问环节／106

三、现场心理环节／108

四、学生征文精彩选段／109

生涯专家吴沙点评／111

第九期　坚守梦想不动摇

"中国2014年度十大知名赛车手"陈锦荣追梦历程分享会／112

心理专家于东辉导读／112

一、分享会访谈实录／113

二、现场提问环节／118

三、现场心理环节／121

四、学生征文精彩选段／123

生涯专家吴沙点评／125

第十期　因梦想成就冠军

国家级跳水教练胡恩勇及其世界冠军弟子余卓成、孙淑伟夺冠历程
分享会／126

心理专家于东辉导读／127

一、嘉宾演讲实录／128

二、现场提问环节 / 132

三、现场心理环节 / 134

四、学生征文精彩选段 / 136

生涯专家吴沙点评 / 138

附　录　/ 139

附录一 "梦想激励人生"系列公益活动一览表 / 139

附录二 "梦想激励人生"平台启动、延展、后续活动图片摘选/ 140

附录三 我和"梦想激励人生"的故事/ 149

（一）我的励志社和"梦想激励人生"

——戴小霞（2011级城市建设工程系房地产经营与估价

专业）/ 149

（二）我如果有梦，梦一定要够疯

——黄美璇（2013级财会金融系会计专业）/ 151

（三）在2016年毕业典礼上的感言

——劳铭鹤（2013级信息技术系计算机应用技术专业)/153

（四）我的蜕变与"梦想激励人生

——曾庆欢（2013级机电工程系汽车检测与维修专业)/157

（五）我与"梦想激励人生"的那些事

——曹淑霞（2014级信息技术系物联网专业）/ 159

（六）追梦路上不止步

——余秋玲（2015级食品系食品营养与检测专业）/ 161

第一期　所有梦想都开花

全国首位农民工人大代表胡小燕传奇人生分享会

◆ 嘉宾：胡小燕　◆ 主持：晴樾（心海榕社工中心）

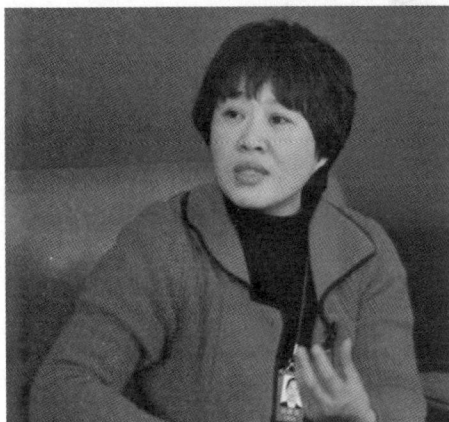

胡小燕简介：从大山里走出来的首位农民工人大代表。她用十年的时间，实现从农村进入城市，从生产岗位进入国家议政会堂，完成了一段近乎完美的人生路程。2008年3月2日赴北京参加全国两会，承载着农民工厚望的她计划要提出自己担任人大代表以来的首个建议，主要内容也是当前最热点的话题之一——解决外来工欠薪。她这十年的历程，不仅是一段传奇，还是一个不断追求自我价值、实现人的全面发展的思考。

心理专家于东辉导读

这是一个平凡人成为天使的故事，但其实有许多传奇性的精彩内容，都隐藏在平实的细节之中。

作为一个从异乡来的打工妹，胡小燕的起点可以说低得不能再低了，那么她是怎样赢得身边人的尊重，获得一个又一个的荣誉？这远不是一句运气好就能概括的。在她的生命中，隐含着一种生命不屈的精神，也许在她口中，只是简单被说成是"不服输"。但对于每一个读者来说，也许生命的不服输，不放弃，勇敢面对一切，即使落在深深的低谷，也始终保有一颗坚持向上的心，才是本场演讲最值得珍重的地方！

梦想激励人生第一期《所有梦想都开花》胡小燕
http://www.gcp.edu.cn/mxjlrs/01.htm

一、 分享会访谈实录

晴樾（左，心海榕社工中心心理义工）担任本期主持人

主持人：各位领导，各位来宾，亲爱的同学们，大家下午好。今天下午我一走进我们的城市职业学院，心情就特别好，知道为什么吗？因为你们的校园太漂亮了，特别是当我看到图书馆的时候，我觉得这真是一个太让人引以为傲的地方了。更重要的是，我想到了 N 年前，我还是一个青春美少女的时候。虽然那个时代已经过去很久了，但是看到你们如此青春飞扬的面孔，我感觉自己好像又回到了当年，所以这真是一个非常美好的下午。我想在这样一个美好的下午和小燕姐一起分享她的传奇人生，所以大家一定要彼此把这份美好的印象加深，怎么加深呢？现场有一个小小的提议，大家先把身子侧向左边，跟你左边的伙伴打声招呼说："你好，在这个美好的时刻认识你和小燕姐真是太好了。"再转向右边，跟你右边的伙伴打声招呼说："你好，太幸运了，我们今天一定要在这美好的时刻把我们的梦点燃。"接下来让我们双手合十，轻轻地放在自己的心口，给自己一个承诺。今天下午让我们用心地聆听，敞开心扉；通过借助小燕姐神奇的力量，让我们的梦想在此刻起航、飞翔。大家做得真是太好了，谢谢！好，在正式访谈之前，我想请大家看一段非常有意思的视频。请工作人员播放视频。

（现场观众观看视频）

主持人：大家看到的这段视频是小燕姐这两年来一直致力推行的公益

项目，叫作"小燕暑期乐园"，它是在暑假期间为一些外来工孩子提供各种服务的一个项目。参加这个项目的孩子们除了在生活上受到照顾以外，心灵上也得到成长、启迪，现在已经有一百多位孩子从这个项目中受益。小燕姐从一个普通的农民工到一个走进议政会堂的人大代表，再到一个积极地为外来工、为他们的子女争取福利的成熟的人大代表，这其中究竟发生了怎样的故事，这将会给我们怎样的启迪呢？

胡小燕：尊敬的领导，各位同学们，大家下午好！

主持人：小燕姐请坐。小燕姐，大家都知道你一直非常关心"小燕暑期乐园"这个项目，那么现在能不能先和我们大家说一下这个项目的进展情况呢？

胡小燕：现在告诉大家一个好消息，这个项目会继续办下去，而且会越办越红火，越办越广阔。为什么我敢这样讲呢？因为这个项目原来是由佛山电视台承办的，但以后将由心海榕社工中心来承办。从刚才的视频中大家也能得知，心海榕社工中心从一开始的十几个人到现在的三百多人，依照这样迅速发展的趋势，我相信"小燕暑假乐园"以后也会遍地开花。

主持人：好，我们期待着，也将一起和小燕姐共同经历一段美妙的旅程。在场的各位有谁知道小燕姐是哪里人？

观众：四川。

主持人：四川哪里的？

观众：三水。

主持人：（笑）四川三水？三水是佛山的一个区哦。小燕姐是来自四川广安的一个乡村，对不对？

胡小燕：（点头）是的，是一个农村姑娘。

主持人：小燕姐是来自四川广安的，当时家境比较贫寒。

胡小燕：我当时出来打工的时候，家里已经是欠下了两万多元的债务。如果按当时的经济发展情况，三万多元可以建一栋很漂亮的楼房了，然而那个时候的我不但没有楼房，而且还欠下了两万多元的债务。

主持人：1998 年，两万多元对一个农村家庭来说是一个非常不得了的数字，对不对？

胡小燕：确实，对我来说简直就是天文数字。

主持人：那你当时决定从大山里走出来，是出于想把钱给还清了这个愿望？

胡小燕：是的，当时命途多舛，1996 发生了几件事情让我家庭变得负债累累。我是在 1995 年 11 月底结婚的，当时公公身体不太好，到了 1996

年的农历二月他就被检查出患有骨质增生，这种病在当时是很罕见的，一天的治疗至少要花三四百块，所以我们一下子就欠下了许多外债。雪上加霜的是，我在1996年分娩时大出血，因为输血和输氧等各方面的治疗，我们又欠下了许多外债。因为这件事，我常常说自己是从鬼门关走过一回的人。

主持人：当时小燕姐的生活可以说是极度贫困的，不仅身体不好还欠下了大笔债务，为了能够过上更好的生活，小燕姐决定从大山里走出来。这是一个非常简单也很朴实的愿望。在2009年的时候，小燕姐和一位编导合作拍了一个片子，片名就叫作"所有的梦想都会开花"。里头有一位小妹也是从大山里走出来的，我们来回顾一下当时的情形，大家就可以感受到小燕姐当时走出大山后的感觉。

（现场观众观看视频）

主持人：小燕姐，我想问问，刚才片子里头那位小妹的情形，你看了是不是挺有感觉的？

胡小燕：是的，深有感触。影片中小妹那种无助的眼神跟我当时刚开始出来找工作却又找不到时的那种眼神太像了，那种眼神特别能表达我当时的心情。说实话，在那个时候我就觉得我们家的人是应该出来打工的，为什么呢？第一是我们欠了两万多元的债务，第二是我不想我的下一代也像我这样过艰苦的生活。于是在1998年的10月20日中午1点我离开了家，那时我的两个女儿正在熟睡当中，假如当时其中一个醒了过来，我恐怕也没这么快走出来，也可能不会有今天这样的我。

说句心里话，我是特别不忍心，也下了很大的决心，毕竟我的小孩年纪确实太小了，她们还需要我的关爱，但是一看到自己的家庭这么贫困潦倒，我还是不顾家人的反对毅然决然地走出大山到外地打工。因为如果我不出来打工，要等到猴年马月才能将债务还清，要等到何时才能让家人和孩子过上幸福快乐的生活。让我悲伤的是，对于我决定走出大山的想法，家人们都是反对的，而面对家人们的反对，我只能靠自己想办法一一地说服他们。首先我得说服我的父母，并让他们帮忙照顾孩子，再说服我的公公、婆婆。可是我的老公是极力反对的，即便那时我已经到了他的工厂边，他都不愿理我。所以片子中小妹那种无助的眼神，就是我当时的眼神。

主持人：如果我没记错的话，小燕姐当时出来的时候只带了30块钱，对不对？

（胡小燕点头）

主持人：当时小燕姐坐了38个小时的硬座火车来到了佛山，刚开始的时候没有做好计划，为了找一份工作，她用了 7 个小时，从佛山石湾的一个地方走到另一个地方，你给大家讲讲吧。

胡小燕：是这样的，我是 1998 年出来的，大家都知道 1998 年还处于金融危机的爆发期，经济很萧条。另外我出来得也不是时候，刚好是农历十月二十三左右，很多工厂都还在放假。所以当时我的状况就是，小孩子放在家里，自己出来又找不到工作，心里特别着急，压力也特别大，整个人的心理状况都不是很好。而且我刚出来，人生地不熟，只会说四川话，还不怎么会说普通话，更不用说粤语了，所以找工作时常常碰壁。可是即使面对这种情况，我还是坚持每天都出去找工作，因为我的家里还有父母和两个年纪还小的孩子。虽然爷爷奶奶可以帮忙照看着，但毕竟他们还要干农活，加上爷爷还是带着病的，无形之中会给他们增加负担。面对家中的贫困潦倒，我还有什么资格不去努力不去奋斗呢？所以我必须更加努力地赚钱，给我的孩子提供好的成长环境，不能让她们像我一样过着贫困的生活。

在不断碰壁的求职道路上，我依然每天白天出去找工作，晚上回来写信，信纸每次都被思念的泪水打湿了，所以写了 10 次，都没有一封信能够寄出去。我自认为自己找工作屡屡失败除了个人原因以外，还有部分外在因素：第一，当时的我并不会骑自行车，只能以步代车，这样的话，等我到达目的地，工位都已经招满了。不过这也说明我来省城找工作首先要攻克两座大山，不但要学会讲普通话，还要学会骑自行车，一下子这两座工作大山就压在我一个人的头上。第二，我的老公比我先出来两个月，他本来是可以住在公司的，但是因为不能携家属住在公司里，所以我的到来使我们不得不在外面租房子，当时手头资金非常紧张，我们只能与四户人一起合租，也就是一户人要住在 10 平方米的屋子中。在那种恶劣的环境下，我依旧每天出去找工作，为了节省开支，水都不舍得买一瓶，除非真的是渴得没办法了。所以每次看到有自来水，即便是不能喝的浇花用水，我还是照喝，因为没办法，日子还要过。有时候在找工作的途中走得脚上全是泡，我也不会抱怨一声，回家后用针把它挑破，第二天又继续找工作，我就是在这种艰苦当中一步一步地寻找工作。

直到 1999 年 2 月我才找到一个在金鹰电子厂做流水线作业的工作，一天工作十二三个小时，但只有四五百块的薪水。对于出门打工就是为了赚钱的我来说，这种薪水远远无法满足我的需求，因为我还要还债，还要养家，我需要更多的钱。所以当我听到老乡他们讲，在陶瓷厂每天上 8 个小时的班，薪水至少有七八百块时，我更想去陶瓷厂上班，哪怕更加辛苦我也愿意。因此我在金鹰电子厂只做了四个月就跳槽去了一家新开的陶瓷厂——华兴达。由于我有个老乡在厂里是印花熟手，可以带一个新手进去，我才能够进去工作。我进去后所做的工作，用简单通俗的话来说，就是负责看窑头，既要保证砖能够整齐地输送进去，又要保证不会堵窑。这份看窑头的工作，一个月的薪水是八百多块钱且比较轻松，但看窑尾的工作更吸引我，因为窑尾的温度是 1 200 多度，所以薪水会比在窑头高出一百多块。于是我申请去窑尾，原因很简单，就是我想多赚些钱。

主持人：你在窑尾 1 200 多度的环境下，一天得工作多少个小时？

胡小燕：一天工作八个小时，不过一般情况下还得加班。

主持人：一般情况下还要加班？

胡小燕：（点头）对。因为砖烂了，我们下班还得把烂砖拉走，重新做。

主持人：认识你的工友都说你工作起来不要命，对吧？

胡小燕：说起这个工作不要命，其实是有一个小故事的。我在 1996 年生小孩时是剖腹产的，因为手术做得不太好，所以到 2000 年的时候我的伤口发炎了，甚至可以从伤口拉出线头。因为我当时生小孩时，第一家医院不肯接收，我们只能寻找下家，等我被送到医院时，又因为四处借钱拖延了一段时间，导致整个手术做得不太成功，留下了后遗症。在 2000 年，伤口发炎后，我去医生那里取了三次的药，但我两次就把它吃完了。药量过大，吃完后我就晕倒在车间里，醒来后休息了一个小时又继续上班。后来，我妹妹得知我出现这种情况后，就劝我停止上班，可是倔强的我不听劝，她就打电话跟我妈说："你劝一下姐姐，她要钱不要命。"

（胡小燕哽咽，不自主流泪）

主持人：我不知道大家听完小燕姐的讲述会有一番怎样的感受。当时她只是怀揣着让她的家庭能够生活得更美好的梦想而起航，在这个过程中，她所经历的磨难是很多人都无法想象的，但她坚强地扛了下来，并且用自己的聪慧为自己赢得了一片天空。我想，进新明珠陶瓷厂是你打工生涯的一个重要的转机，是吗？

胡小燕：我这个人做任何事情都特别认真，因为那时家里只有三个女孩子没有男丁，大家都知道重男轻女的观念在农村是非常严重的，所以我们三姐妹就常常遭受歧视。连我们的叔伯、叔娘都会说我们的不是，因此从小我就很能忍，男孩能做的事，我也照样能做，所以我才说自己倔强的性格成就了今天的自己。

我是 2002 年 6 月 28 日进新明珠的，当时我也还在另一家陶瓷厂上班。

进了新明珠后，我就从普通的新员工开始做起，6月份刚进入新明珠，9月份我就升为跟班质检。同样作为跟班质检，别人跟班抓得比较松，而我的班就没那么轻松了，原因是我希望他们能够增长自己的知识，锻炼自己的能力。因为我自己也是这样做的，我希望大家也能够这样做，能够一起努力、奋斗。

作为分选车间的跟班质检，我希望我们做的砖都能得到每个部门的认可与赞同，所以我们必须熟悉我们的标准，毕竟我们是靠标准来吃饭的。每次只要有空余时间，我都会让他们去看标准，让他们用标准来说话。2003年，我们公司计划在三水建一个工业园，我的上司就鼓励我去考总检。这个考试不仅要考察个人的综合素质、平时成绩以及临场发挥，还要根据平时的业绩进行各方面的考核，于是我以87.32分的优异成绩当上了总检。2004年6月23日，我来到了三水区的新明珠，在那里负责招工、培训和技能考核等方面的工作，还负责监管产品质量的工作。直到后来自己管理一个车间的时候，我就开始全面管理了。

主持人：嗯，我们已经听出来了，走到这里的小燕姐已经从普通的打工者转变为著名企业的管理人员。我们在《所有的梦想都会开花》的电影里也截取了一个片段，里面的主人公林芳就是以小燕姐为原型来塑造的。有一段她在车间管理员工的镜头非常有意思，大家来看一下。

（现场观众观看视频）

主持人：我想问问小燕姐，影片中的林芳像不像你？

胡小燕：（微笑）因为她是蒋勤勤演的，是重庆人，算是我真实的写照吧。

（观众鼓掌）

主持人：林芳的性格果断、干练，还有管理员工的那种独有的智慧，我想导演一定是从你身上得到灵感的。

胡小燕：影片中的"两性一心"是我当时创造的，也是我培训员工时要求他们这样做的。导演采访我的那一天，我刚好在培训，所以他就把这一幕给写进去了。

主持人：其实我知道你读的书不是很多，而且我们知道很多人出来打工就是把工作做好，领导人说什么就是什么。可是在您这位打工者身上，我觉得有与众不同的东西。

胡小燕：大家都一样，都是一名打工者，可能我只是比较善于总结，善于观察罢了。别人用来休息放空脑袋的时间，我却喜欢多思考一些关于工作中的事情，比如说这个"两性一心"的培训，当时为了我们公司的新员工能够尽快地融入我们的团队以及熟悉我们的产品，所以就慢慢地把它总结出来，变成一个培训新人的好方法。我觉得作为新人，没有责任心是干不好事的，但是光有责任心没有责任感也是不行的，所以我们必须德才兼备，才能保证完成任务。

主持人：其实小燕姐比较谦虚，她是个学习能力非常强的人。正是具备这种远远超出于其他打工者的能力，小燕姐才可以走到今天。她从普通的打工者到新明珠这家著名企业的质量总检，这个很重要的位置，其实中间用了几年的时间？

胡小燕：到中层管理就用了一年半的时间。

主持人：一年半的时间，大家注意一下这个数字。非常非常的难得，你是怎么做到的？

胡小燕：说起来的话好像特别容易，但实际做起来是非常不简单的，不仅在管理上要严谨有序，心理承受能力也要足够强大。我之所以这么说，是有原因的。2004年11月17日凌晨4点，我的小女儿住院了，直到当天下午4点都没醒过来。在她昏迷的12个小时里，家里打电话过来让我寄钱回家，我也在犹豫是否请假回家。但我管理的车间在21日马上就要投产了，于是我决定不回去了，想赶在中午11点银行下班前把钱打过去。我本来已经向上司请假了，把请假的原因一五一十地跟上司汇报了，后来下午回到公司上班，上司就过来问我是否还需要请假。我果断地拒绝了她。因为我的上司也是做妈妈的，她当时心里就特别不理解，自己的亲生女儿在医院12个小时都还没醒过来，居然还不请假。当时我也没跟她解释那么多，我也没请假，我照样上班。庆幸的是，当天下午5点多我女儿就苏醒过来了，到晚上我女儿就恢复得更好一些了。

即使遭遇这样的事情，我上班时还是面带微笑的，不露出悲伤的面孔，我所在的车间也没出一点乱子。可是一下班我一打电话回家，眼泪就控制不住了。我还记得当时自己是怎样度过那段时间的，我每天照常上班，下班回去路上的20分钟里我是一边打电话一边哭着走回去的（擦眼泪）。另外，为了保证车间能够正常运作，我是每天凌晨4点上班，因为我当时还是一个人负责招收、培训和技能考核各方面的事情。如果他们有不懂的，我还要教他们，所以我每天工作到晚上11点后才离开。我就是这样熬过来的。

直到2006年的某一天，上司问我当年不请假的理由，我跟她解释道：第一，如果当时那种情况我回去了，那我回来还有副主任做吗？当时马上就可以升为车间总检，总检上面的职位就是副主任了，那如果我回去了，回来后还有这个岗位吗？这句话我要打个问号，因为他们没有给我明确回复，所以我很担心。我能得到今天的成就，真的很不容易。第二，我当时坐火车回家需要三天三夜，来回差不多需要一个星期的时间，车间还有五天时间就要投产了。如果我离开了，前面那些辛苦的工序就白做了。因为我车间的员工是我招进来，是我自己培训的，我知道他们每个人的性格，知道如何安排他们工作才能不出乱子，保证完成任务。如果我坐飞机，来回需要几千元的费用，女儿生病又急需用钱，在这种情况下你让我怎么选择。听完我的解释，上司就说我傻，假如我请假回去，肯定还会给我留好位置的。但是当时上司并没有明确告诉我，因此我还是会害怕。毕竟对于打工者来说，有一份稳定的工作是很不容易的。况且我是外来工，当时本地员工那么多，巨大的竞争压力让我感到害怕。上司也为当时没有明确表态感到非常抱歉，但是我说事情已经过去了。

主持人：小燕姐，我特别想问你一个问题，从1998年到2004年初，其实你的生活已经经历了两次跨越了。首先从农村到城市，并有了一份工作，这是第一次跨越；其次从一个普通的打工者到一个身负企业责任的管理者，这是第二次跨越。完成这两次跨越，你付出了很多很多，再回头去看，你觉得这份付出一直让你觉得不悔的是什么呢？

胡小燕：让我觉得不悔的是我的付出能得到别人的认可。尤其是我们外地的打工者要想在工作中得到认可，不付出比别人多几倍的努力是不可

活动现场座无虚席

能的。另外一个就是你必须要有自己的本事，有过硬的技能才能让别人认同你。

主持人：你刚刚提到要比别人多几倍的努力，可能这个多几倍的努力在某些人的眼里是不公平的：凭什么我要付出那么多努力呢？那你是怎样看待这个多几倍的努力和付出的？

胡小燕：我一直觉得一分努力一分收获，只有不断地努力，你才能得到更多。也许有时候即使你做了，也不能马上看见成效，但是我觉得只要我们做了还是有人会看得到的，所以我们不但要做，还要会做，并且要善于总结，善于学习。就像我，起点虽然只是初中学历，但后来自己继续深造考了大专，现在准备读本科了。以前的我，甚至连电脑如何开关机都不懂得，可是通过不断的学习，现在我已经会用五笔打字了，也经常写博客、上QQ空间，其实我就用二十几天的时间将电脑学会。当时我只想买一台二手的台式电脑，打算学有所成后再去买好的。但是我和我同事一起去买电脑时，同事根据我的工作状况，建议我买一台手提电脑，因为方便携带，这样对于一天十几个小时都待在车间的我来说能更好地学习。当时我没有带够钱，向朋友借钱买下一台手提电脑。回去跟我老公提起，他笑话我如果我学不会的话怎么好意思。其实我心里挺没底的，我也在想如果学不会怎么好意思呢。因为我们公司是无纸化办公，所以我才急切地想要学电脑，毕竟如果你不会的话，就会面临被淘汰的局面，所以我一定要利用这二十多天的时间把电脑学会。

当时是在外面租房子住，白天也不能让别人来指导我学电脑，所以只能晚上在家学电脑。为了不打扰我老公休息，晚上我仅靠电脑屏幕那微弱的光线练习电脑操作，而且尽可能地不发出声音。由于在买电脑前我对字根已经很熟悉了，所以我练习了一个星期的键盘后就开始想学打字，于是我就向一个上过电脑培训班的同事请教，让他教我如何用编码来打字。学会打字后我就开始写文章、写博客，可是对键盘还是很陌生，如何熟悉呢？2007年我就开始用QQ软件，和在上海的表妹聊天时，发现她打字速度很快，我问她怎样才能提高打字速度。她建议我使用拼音打字，而且要多找人聊天，这样一来打字速度就能变快。就这样，我只用了半个月的时间就把键盘敲得很熟悉了，也慢慢开始了写博客等社交之路。

（掌声响起）

主持人：很多同学和老师可能是第一次亲眼见到小燕姐，但是我相信，听完小燕姐这段讲述以后，大家一定对小燕姐有这样两个深刻的印象：第一个是非常不怕苦，第二个是绝对不服输。她要活出一个自己，而且是一个非常有价值的自己，一个绝对不输于其他人的自己。所以抱着这样一种信念，小燕姐一直走在路上。如果说命运对一个人有所青睐的话，那么它一定是看到了这个人付出了更多努力、经历了更多的磨难。

在这里有一张代表证，这是小燕姐一直珍藏着的一个物件，是小燕姐2008年3月当选首批农民工人大代表参加全国人大代表大会的代表证。她的付出、她的拼搏有了一个回报她的最丰硕的果实。那么小燕姐第一次当选为人大代表，背后会有怎样一个故事呢？有请视频播放。

（现场观众观看视频）

主持人：大家听出来了吗？这是我们的温总理在会场上对小燕姐由衷的赞许（"这个代表选得好啊。你看她慷慨激昂，大胆地谈自己的见解，一点也不怵头。"）。你跟我们讲讲你跟温总理对话的那个过程吧。

胡小燕：我是2008年1月21日当选人大代表的，当时这是我们公司的十件大事之一。说实话，那个时候我不知道人大代表是做什么的。因为平时很少看新闻，大家都知道我平时忙于赚钱，没在意这方面的事情。2008年2月16日去珠海培训之后我才知道人大代表的重要性，之后我就开始做学习记录，也开始练习在大场合发表演讲。

当选后，公司上司让我上台讲几句话，尽管面对的是熟悉的面孔，但我还是紧张得发抖。可是那天跟温总理说话，我一点也不紧张，因为我知道我背后有庞大的群体支持着我，而且我要把他们的心声带到国务院去。

跟温总理的对话是在2008年3月7号，3月4号晚上就有人打电话给我，说我是第三个发言人，发言时间为7分钟，发言内容要自行准备。我把稿子写好后不论怎么样熟读都要8分钟，无奈之下我只能请人按照我的原意帮我修改，经过修改后，我能在6分42秒内把它读完。当时第一个发言的是钟南山院士，他的稿子也有3 000多字，他的对面坐的是温家宝总理，我的对面坐的是汪洋书记，其他人也是这样面对面地坐着。那天早上我还练过两次，本以为7分钟内可以搞定，谁知道，在读的过程中，温总理就问了4个问题。我当时也不知道回答的时间算不算在里面，于是我就打断了总理过多的提问。记得他的第一个问题是这样问的："小燕，你是哪里人？"他当时问完我就马上回答："邓小平故乡，四川广安人。"我刚说完，大家哄然大笑。后来他又问我："你来广东多久了？"我说来广东十年了。"你工资多少啊？""我工资3 000多块钱。"当时我们广东团是七号车，我是坐四号车，当我一上四号车，大家都开始攻击我，为什么呢？因为我说的工资太高了。我当时心想不能骗总理，肯定得实话实说。后来有一个代表帮我解了围，就是志高空调的董事长，他说按我这种中层管理者，在

11

他们那里是 6 000 多块钱一个月，还包住。这样一来，就没人再说我工资高了。最后我发言完，汪洋书记还问我发言稿是自己写的吗？我说是我自己写然后请老代表改的。汪洋书记对此表示赞扬。

主持人：我记得小燕姐走进人民大会堂的时候，当时有一名美国媒体记者问她说你知道什么是人大代表吗？小燕姐当时很诚实地回答说我还不知道。但是时间过得很快。离小燕姐当上人大代表已经五年多了，在这五年多的时间里，她提了 20 多条建议。你给大家说说，在这期间，您履行了怎样的职责？

胡小燕：我做人大代表那段时间里，第一年有两个建议，第一个是关于优化劳动者的工作环境，第二个就是留守儿童的教育问题。我的建议基本上都是围绕外来工提出的，例如关于农民工的居住环境、留守儿童等问题，还有关于欠薪、逃薪等方面的问题。我提出的所有的建议基本都有回应，也都开始有所落实了。就在 2010 年我提了一个关于修建农民工公寓的建议，大家都知道 2010 年的时候房价很高，拥有自己的家是大家梦寐以求的事情。我当时发言说：如果可以，我们可以建 25 到 30 平方米的房子，2 000 块钱卖给他们，让他们在这里有家的感觉，愿意为这个地方做更大的贡献。说完，大家都在笑，这么高的房价，我还这样提，看起来很不理智。但我发现，现在的条件比以前改善了许多，我们外来工现在也一样有机会能够拿到保障性住房，这就是一个很好的例证。还有就是 2010 年我提出增加欠薪罪，然后 2011 年欠薪罪就被写入《刑法》里面了。虽然这些建议都不只是我一个人在提，但如果在大会上有人去推动的话，可能会更快落实一些。

（掌声响起）

主持人：谢谢小燕姐给我们回顾当人大代表的这段经历，可圈可点的事情实在太多了。小燕姐跟我说现在除了上班外，还有一件事情，就是做人大代表。为了做好这个人大代表，小燕付出了很多。

胡小燕：公私分明是我的原则之一，就是上班做员工，下班做代表。这是为什么呢？原因是我上班 8 小时是拿着老板的工资，我必须做好自己的本职工作。如果你连本职工作都做不好的话，怎么履行好自己的职责呢？所以邮件和信息，一般我都是等到下班后再回复，上班时间就做好自己的本职工作。

2009 年前，我管理着两个分厂，1 000 多名员工，任何一人的错失都和我的收入挂钩，所以我非常认真地对待每一个员工，在其位就要谋其职。有时候我会想为什么别人工资那么高呢？正所谓一分努力，一分收获，别人的工资高，说明他的承压能力也比别人强。我相信努力跟收获是成正比的，如果我始终在车间里，不出去闯一闯的话，我的事业发展范围就受到了局限，想在其他行业扩展的话就会比较难。所以在2009年，我申请去做销售，做了半年的业务员，又做了半年的副总经理助理，后来又做了总经理助理。做总经理助理是什么概念呢？整个车间我们一年要卖四个亿，做四个亿的话，如果我们的仓库扩大了，我们就要被罚款；如果我们的砖没有排产，我们一样要被罚款；排产不合理，有经销商投诉，我们还是要被罚款。所有这些方面都得兼顾好，但这些我都没做过，对我来说都是一种挑战，所以我都从零开始，一步一步来，边做边学。

主持人：小燕姐在接受工作上的挑战时，还要肩负人大代表的各种使命和职责。所以我在这里提议让我们再一次用热烈的掌声表示对小燕姐的敬意。

（掌声响起）

胡小燕：谢谢！谢谢！

主持人：小燕姐，为了这次分享会，我们特意在各个媒体平台上收集了你在2008年到2012年这五年的照片。我想请你和大家看一看，从这些照片的前后变化会得到一个很有意思的结论。

（现场观众观看视频）

主持人：只是很简单地收集了一些照片，我这里还有几张小燕姐特意从箱子里翻出来的照片，她从不会轻易给别人看的。（举着照片）这个是她刚从大山走出来的样子；（拿出另一张照片）我特别隆重介绍小燕姐这

胡小燕与活动主办方领导和工作人员合影

张 20 岁时拍的美照，美不美？小燕姐，我特别想问问您，这些照片，您自己看了，心里会有怎样一种感觉呢？

胡小燕：这张黑白照是我 20 岁的时候去拍的，当时刚拍完照，老板趁着空闲的时间说要帮我说媒，吓得我还没卸妆就跑了。我为什么要把我的照片拿过来分享呢？我就想告诉大家，我还是我，一点都没变，我还是原来的小燕。

主持人：我是 2008 年认识小燕姐的，当时我认识她，是因为一个企业的采访。今天我心里的感觉还是跟几年前的一样，小燕姐依然那么朴实真诚、自信阳光，我想请您和我们在座的大学生们分享一个问题：从一个农村姑娘到一个打工者再到一个走进大会堂的人大代表，您是怎么看待这种变化的？

胡小燕：我觉得只要我们努力地朝着我们的目标一步一步地去奋斗、去拼搏，即使最后不一定会实现，可在奋斗的过程当中我们也会受益匪浅。但是如果不努力、不拼搏，那连最后的希望都没有了。我认为自己应该算得上是个幸运儿，毕竟比我文化程度高、比我为广东做更多贡献的大有人在，只是他们没机会享受这份幸运而已。不过，与此同时，我也需要时刻付出，时刻把握机会。不然，就算你多么幸运，只要你错过了时机、没有好好付出，幸运神的庇佑也是于事无补的。所以无论何时何地，我们都要保持沉着冷静、努力学习的良好心态，因为天上不会掉馅饼，我们只能一步一个脚印来实现自己的梦想。我希望各位同学们以后出去工作了，要真正做到干一行、爱一行、专一行、精一行。只有这样，才会让自己的路走得更踏实。

主持人：怀抱着对梦想的自信，我们的梦想总会开花的。今天在小燕姐的讲述当中，我们不仅感受到了她丰富的人生，也感受到了一个人不断超越自我价值的精彩经历。这一刻，我想把小燕姐这种力量、这种对梦想的自信以及对整个人生和事业的爱传递给在座的每一位朋友，传递给更多的人。

（2012 年 9 月 23 日）

二、 现场提问环节

主持人：今天现场的大学生朋友特别想跟小燕姐进行互动，向小燕姐提几个问题。

A 同学：小燕姐，听了您的讲座很感动，请问您一路走来这么成功，您最想感谢谁？

答：我不成功，我只能说是比较幸运。首先，我最感谢的是我的家人，没有家人的支持，我肯定不能走到今天。其次是感谢政府，有这么好的舞台给我们。再次是感谢我们的公司，因为没有公司的培训，我也走不到今天。

A 同学：在您外出拼搏这几年里，您的一对女儿也许会缺少母爱。您是怎样去弥补的？

答：我的女儿是在家乡留守了 12 年才来到我身边。我后来为什么做销售，就是因为我想有更多的时间陪女儿。虽然我大女儿留守了 12 年，但她现在跟我无话不说、无话不谈。我跟她说，我们两个以姐妹相称，以朋友相称，不要以父母相称。我会尽量多花一些时间陪她们，跟她们多沟通些。另外如果我能够帮助她们实现梦想，我会尽力而为。

B 同学：现实生活中，很多农村的留守儿童由于得不到父母的关爱，变得越来越叛逆。而他们的父母在外面拼搏也是很不容易的。您有什么话分别想跟他们说？

答：首先大家都要相互理解，这是最关键的。我相信很多时候父母都是心疼自己孩子的，但是他们的家庭压力也很大。希望孩子对父母能多一些理解，多一些关心。而父母哪怕不能回家陪孩子，也要多打电话沟通交流。只有大家互相理解，才能达到心灵相通的境界。

C 同学：在追逐梦想的过程中，如果觉得很难坚持，想放弃，应该怎么做？

答：做每一件事情的时候，我们首先要想到的是难处。但不要把难处放大，只能把它缩小。如果我们首先想到的是成功，失败之后会特别痛苦。做任何事情不外乎有三种局面：第一，成功；第二，失败；第三，就是不成功但也没有失败。所以你在做每一件事的时候，你首先要把难处放大一点，但不要放得太大，否则会挡住你的目标。也就是说，我们只要认准了这个事情有价值、有意义，就一定要坚持做下去。

D 同学：小燕姐你好，我想问一下这么多年来，你最开心最幸福的一件事是什么？能和我们分享一下吗？

答：从村里面出来的一个乡村姑娘能够为农民工这个群体发声，尤其是我的发言能够得到总理的认可，我觉得这是我最开心最幸福的事。

E 学生：现在农民工的工作环境已经变得比较好了，但农民工子女的教育问题还是没有得到彻底解决，您对于外来人口在广东高考的三道门槛有什么看法呢？

答：因为这个问题，我几乎每年提建议。最起码我现在看到中央领导提出各个城市要解决这个问题，根据自身的情况制订一些异地高考的方案，这已经是一个很大的进步。广东是改革开放的前沿阵地，外来人口的数量庞大，我相信光谈教育是不可能解决问题的，可能要从户籍制度或者教育制度等方面同步去改革。

三、 现场心理环节

1. 合唱《隐形的翅膀》，展开追逐梦想的翅膀

主持人：在小燕姐的讲述中，我们感受到一个人在实现自我价值并不断超越的精彩经历。在这一刻，我想把小燕姐的这种力量，这种对梦想的自信，这种对人生、对事业的爱，传播给在座的每一位朋友，传播给更多的人。在会场的后面，有一群姑娘正向我们走来，她们是我们广州城市职业学院的一群贫困生，但她们心里怀揣着梦想和自信。她们手捧着亲手制作的鲜花、心形的灯，这灯的光亮就是她们对梦想的希望。让我们在此刻共同高唱，让我们隐形的翅膀此刻张开，共同飞翔！

（现场观众一起合唱《隐形的翅膀》）

2. 向大学生赠送花种，象征埋下梦想的种子

主持人：让我们的梦想在此刻放飞！我们有请姑娘们把你们亲手制作的美丽鲜花献给小燕姐。小燕姐在参加分享会之前也精心准备了一包花种，这是她要送给你们的一点心意。相信小燕姐播下的爱的种子一定很快就会开花结果的！那么怎么才能让花种开花呢？我们有请我们心海榕社工中心的心理专家于东辉老师。

于东辉：这是一份爱的种子，我相信种子过不了多久就会开出美丽的花，而且温暖很多很多的家庭，给我们的梦想注入正能量。也许一开始只是"1"，我们不断在后面加"0"。总有一天，我们的梦想之花会开到许许多多的地方。

钟秋凤：我是广州城市职业学院城建系2010级园艺专业的学生钟秋凤。刚听了小燕姐的故事，我很感动，我也受到了很大的鼓舞。我希望广州城市职业学院的所有学生要以小燕姐为榜样，让我们自己的梦想一样能够开花！谢谢！

3. 向小燕姐赠送祝福相册，感受坚持梦想的力量

主持人：接下来，我们要把祝福送给小燕姐。大家可以看到这里有非常漂亮的贴纸，请把自己对小燕姐的祝福写在贴纸上，然后把贴纸贴在相册上。我们收集以后，会把它当作一份浓浓的心意送给小燕姐。我也想问小燕姐一个问题这十几年来有可以跟我们一起分享的人生感悟吗？

胡小燕：在这关键的十几年里，我非常执着，认准目标之后就不放弃。我从来不会因为某个人的反对而影响我的努力。认准了目标，就要努力去奋斗！

主持人：实现梦想一定要执着！听完了小燕姐的人生感悟，相信朋友们的祝福已经写好了。我们来一起看一看。

（主持人读学生的祝福）

4. 启用梦想瓶收集梦想，播下梦想的种子

主持人：接下来还有一个非常有意义的仪式。在现场有两个巨大的梦想瓶，这也是我们心海榕社工中心从"梦想激励人生"第一期就开始进行的一个活动。每一期我们都会用这两个瓶子来收集在场每一位朋友的梦想，然后我们会把它密封保存。在一个有意义的日子里，我们期望能够创造一个奇迹，期望能邀请到这个梦想瓶里头写下梦想的每一位朋友一起来开启、见证梦想从播种到开花的所有感人的故事。请拿起桌上漂亮的梦想贴，写下你的梦想。今天小燕姐用她的梦想给了我们力量，也给了我们启迪。你的梦想又是什么呢？在这个正当芳华的年纪，对于人生，对于未来，你又有怎样的期许呢？小燕姐，您的梦想是什么呢？

胡小燕：因为我现在还有一个孩子在老家，所以我的梦想就是希望我们一家人能够团圆，开开心心过好每一天。

主持人：小燕姐这个全国人大代表有个简单的母亲梦想。龙书记，您的梦想是什么呢？

龙书记：我今天听了胡小燕女士这个讲座，真的很感动，我都热泪盈眶了。她的梦想是一个奇迹！原来连工作都找不到的人，最后会成为一个大公司的管理者、一个明星级的人大代表。我觉得人大代表不是那些明星、演员，真真正正的明星是我们的胡小燕女士！一个只有初中文化的打工妹有竟然提了二十几个提案，比那些作家、高级干部的提案还要多，而且她的提案受到了媒体乃至全国人民的热烈关注。是不是奇迹？是。其实梦想人人都有，但为什么胡小燕女士的梦想都能实现呢？我觉得这里头有一个数学式，就叫作梦想＋奋斗＋机遇＝成功。我不知道大家同不同意？那我的梦想就是希望所有的学生都能够成才，都能够成为像胡小燕女士这样优

秀的人物，谢谢！

主持人：我们在座的每一位学生都会成才，广州城市职业学院的每一位学生都是未来的栋梁！只要心里有一颗梦想的种子，就会有一股神奇的力量支持我们走完人生的旅程，就会让我们无论走在哪一段路上都笑颜如花。我们也期待某一天，把所有种下梦想的人都请过来，来开启这些梦想，一起来见证我们自己用生命创造的奇迹。熊校长，我们也想知道，您的梦想是什么？

熊校长：听了今天这个讲座，我得到了深刻的启迪，也受到强烈的震撼。因为我是学经济的，从经济学的角度来说，1949年，90%的中国人是农民。在改革开放30年之后，也就是2008年的时候，整个中国居住在城市的人占40%，居住在农村的人占60%。到今年，居住在城市的人超过了50%。但是按照民主社会的说法，只有当所有阶层的人都得到阳光的眷顾，这个社会才是一个真正幸福的社会。所以借此机会我也谈一下我的梦想，希望今天这个活动能作为我们广州城市职业学院、广州市、广东省乃至全国人民梦想的起点，希望阿里巴巴之门向社会各个群体全面开放！谢谢！

主持人：麦总，您能分享一下你的梦想吗？

麦总：今天真的很高兴可以在这里和同学们一起聆听胡女士不平凡的人生经历，在这里我要代表主办机构感谢胡女士！我在此刻有个小小梦想，就是希望在座每一位写下梦想的朋友都梦想成真，谢谢！

5. 创作梦想集体诗，祝福所有的梦想都开花

心理专家于东辉老师指导创业学生结合胡小燕的分享内容写下梦想诗

于东辉：今天我们邀请小燕姐和16位优秀大学生每个人写一句诗，然后我们尝试把这些诗句组合起来，看是否能组成一首关于梦想的诗歌，请小燕姐说第一句诗。

胡小燕：认准目标，努力奋斗，只有我们奋斗了，才能实现我们的梦想。

（16位学生分别说出一句诗）

于东辉：这首诗其实还是比较凌乱的，但总算是完成了。也许这首诗不是那么的古雅，不是那么的特别，但它是在场所有人共同的心声，让我们一起来诵读，为我们的梦想瓶开启一个美好的未来！

全体朗诵：梦想是一颗晴朗的种子，坚持，努力，奋斗，梦想一定会开花！梦想飞扬，任我翱翔，放飞梦想，让我们的人生充满希望！梦想令人向往，指引人生的方向！梦想纷飞，让我的人生充满力量！为梦想起航，勇往直前，让梦想变得更神圣！梦想遥远满城顺，人生从此更灿烂！把汗水和泪水埋在心间，会开出勇敢的花！心在坚持，梦在起飞，我们一直在路上！心有梦，梦便在！扬起梦想之帆船，成就辉煌人生！90后的梦想正在被建设！我们的梦想吹起着每个人的心！梦想无论多么的模糊，总在我们的心里！我们坚持和信念实现我们平凡而朴实的梦！梦想的种子将在我的心中发芽开花！认准目标，努力奋斗，实现梦想！

主持人：我们的梦想起飞了，认准目标，努力奋斗，梦想一定会实现！在这激动人心的一刻，有请小燕姐为我们的梦想瓶插上鲜花。我们要用这个具象征意义的动作，来告诉我们每一个人，总有一天在我们的努力下，我们的梦想都会开花！

胡小燕：鲜花已经插上去了，希望它能开花结果！

胡小燕祝福所有学生梦想都开花

于东辉：今天播撒的种子，不知道十年后会变成什么样子。如果有可能，我欢迎今天写下梦想的朋友们，十年后来看一看这些梦想的种子是否已经开花结果。我十年前播撒的种子，今天已经实现开花结果了。所以我相信，大家的种子也一定会开出灿烂的花！

主持人：我们衷心希望大家在开启自己梦想的同时也把这份梦想的力量、爱的力量传递给身边的人。让我们身边的每一个人梦想都开花！

7. 宣读公益活动倡议书，一起助力实现梦想

心海榕义工（宣读倡议书）：我们一天天地长大了，曾经的梦想已越来越遥不可及了。如果能够为了梦想而活，但是没有如果，生活也就一如既往地重复着，梦想永远在那遥不可及的地方。心海榕曾经用那么多温暖的、支持的力量，让无数生命重新活着。今天它又提供一个不一样的平台，那就是"梦想激励人生"系列公益活动。而这个平台就由你我搭起，为已经实现梦想的人提供一个分享的平台，让更多有梦想的人获取前进的动力。一句支持的话、一个握紧的拳头、一个坚定的眼神，这一切对一个梦想家而言，已经是获取了非凡的能量。你可以做奋力呐喊的人，在英雄路过的时候站在一旁鼓掌，也可以贡献自己的微薄之力给梦想家们提供力所能及的帮助，更可以加入心海榕"梦想激励人生"活动，做做义工，听听每个梦想故事，再把这个梦想故事分享给更多身边的人。这一切就是这么简单，但每个人都去做就会变得不简单。有能力去实现梦想的人，他们是幸福的。有他们的坚持，世界才可以变得更加美好，而有你的支持，他们会走得更坚定、更远。每个人都拥有梦想，每个梦想都值得肯定。来吧，加入"梦想激励人生"，让我们一起助力梦想！

主持人：现在我想邀请大家一起来做这个动作，把身体转向左边，对你的朋友说：每个人都值得拥有梦想；把身体转向右边，对你的朋友说：你的每个梦想都将获得支持。把身体转回到中间，让我们大声喊出来：我们的梦想一定会实现，我们的梦想正在起飞！谢谢大家！

四、 学生征文精彩选段

广州城市职业学院副院长熊军在第 4 期活动中为本期活动征文比赛获奖同学颁奖

1. 梦想激励人生

从小燕姐的身上我们知道，所有的成功都是有理由的，只要有梦想有行动。我们大学生应该敢于拥有梦想，并勇于不畏艰难险阻去实现梦想。

当高考失败的时候，我感觉所有的一切都变得模糊了，就像《那些年》里面的女主角，所有都不值得一提，整个人提不起精神来，一个暑假过去也没有反思过什么。

开学了，我重新面对同样年轻的面孔，还有给人感觉永远都是那么积极向上的老师，我感觉好像一切都回来似的。我想生命中不能有遗憾，因为我们不能让自己在回忆的隧道里泪流满面，要始终坚持梦想。那一刻我重拾精神投入到这一切。我给父母打了电话，向父母说出我的梦想，他们都很支持。我坚定着自己的梦想，走出阴影。将来有一天，我会大鹏展翅，水击三千。当失败再次来袭，我会选择坚强，坚强地走下去。

——2012 级商贸系国际贸易专业陈敏华

2. 坚持梦想，成就人生

梦想，我真正去靠近的时候，居然会被"难"给打倒。出生农村的我们有一种天生的自卑，总会有太多的顾忌，于是，梦想离我们越来越远。我们应该学习小燕姐，在困难面前不低头、不放弃。有时候一次的失败不

21

能阻碍你成为一个成功的人，关键在于你的想法，是你把自己限制在了一个小圈子里。而成功和失败之间有着一道难以逾越的鸿沟，充分利用好失败，便可成为你追梦的垫脚石。

我们需要的是坚持与勤奋。现在还剩一年多的在校时间，空余时间我要充分利用我们图书馆的资源。很快要考英语四级了，我要加强练习听力和写作，相信一定能过的！坚持自己的梦想，我相信，在不久的将来定能开花结果。

——2011级城市建设工程系房地产经营与估价专业戴小霞

3.“梦想激励人生”讲座观后感

当左手握着别人的帮助时，我们的右手是用来回报的。小燕姐的成功也是受到了很多人的帮助，所以她很懂得感恩，用实际行动来回馈这个社会。她帮助了很多贫困的孩子完成了他们的心愿。家境贫困的我们，接受了国家的帮助，我们应该要用实际行动来回馈国家。

——2012级信息技术系软件技术专业黄智海

4. 为未来播下梦想的种子

我们从小学一路走来，直到收到大学的录取通知书那刻，可以说我们已经走完了梦想之路的第一阶段。然而，很多人却也在这里，在大学的门槛上开始跌落，失去人生的目标。我们一路走来，拥有太多的社会优势资源，最后却忘了社会为什么要提供这么多的优势资源给我们。拥有梦想，并始终为梦想努力的人生是成功的人生，哪怕最后并没有实现梦想。人生的美丽不是因为结果，而是沿途看到的风景，梦想亦是如此。

——2011级城市建设工程系城市园林专业李水颜

5. 我的坚持

在鼓掌的那一刻，我被深深地震撼到了，原来我的坚持是正确的，我的坚持是值得的。为了我的坚持，我在深夜刻苦学习，挂念着家人，默默地流泪；为了我的坚持，我比别人付出更多的努力，我告诉自己现在的痛苦，将来会有双倍的幸福作为补偿。她十年的辛苦付出，获得了灿烂的成果。她的精神都是我该学习的。如今的我虽然路途曲折，但依旧不会放弃，坚持走到最后。家人问我，如果这条路走不下去了，怎么办？我说我会坚持到最后，如果失败了，我并不后悔。不在乎曾经是否拥有，只在乎曾经努力过。

小燕姐的坚持，成功了。

我的坚持，正在进行。

——2012 级旅游系会展策划与管理专业刘菊明

生涯专家吴沙[①]点评

我们都容易被平凡人的英雄故事所打动，胡小燕的故事正是如此。她用行动诠释了何谓人生的逆袭。面对逆境，许多人的选择是坐等希望和幸运的降临，其实这只会让你错失更多的机会，因为机会对你是有要求和约束的。而这些要求和约束有时却无法精确预估和准备，因此，胡小燕用自己的亲身经历告诉你：人生逆袭的最佳策略就是，尽全力做好眼前能做的事情，这样才能把握住下一个机会。

---

① 吴沙：雅行教育首席生涯导师、广东中小学校长联合会特邀培训师、IPTA 国际职业培训师、国家二级心理咨询师、国际生涯教练（BCC）、全球职业规划师（GCDF）、国家认证生涯规划师（CMT）。长期专注于本土职业生涯规划的实践和研究，独创"HR 思维训练营"的全新体验式就业指导模式。著有《遇见生涯大师》一书。

第二期　不待扬鞭自奋蹄

珠江钢琴集团股份有限公司施少斌董事长奋斗人生分享会

◆ 嘉宾：施少斌　◆ 主持：熊军（广州城市职业学院副院长）

施少斌简介： 中山大学企业管理博士学位（本科为生物化学专业），高级工程师，原珠江钢琴集团股份有限公司董事长、党委书记，现任中民投健康产业投资管理有限公司副总、中民投资本管理有限公司医疗健康事业部总经理。

广东省第十二届人民代表大会代表、暨南大学硕士生导师、广州中医药大学客座教授、广东省连锁经营协会副会长、世界中联中医膏方专业委员会第一届理事会副会长。

曾获广州市优秀企业家、广东省五一劳动奖章、广东青年五四奖章、第十届广州杰出青年、中国十大策划风云人物等荣誉。

心理专家于东辉导读

对于许多人来说，当一位位高权重的企业领导出现在眼前时，往往会涌出一个念头，他是怎样成功的？尤其是这位领导并没有顶着什么"官二代"的光环，而完全是通过自己的努力，走上一个又一个高峰时，更会让人好奇。他的成功秘诀会是什么呢？施少斌的这篇演讲，为这个问题呈上了一个蛮特别的答案。

总结起来，可以归纳为两个字"听话"。

但这种听话不是简单的盲从，不是无原则的退让，而是经历一番番深思熟虑后的结果。

梦想激励人生第二期《不待扬鞭自奋蹄》施少斌
http://www.gcp.edu.cn/mxjlrs/02.htm

一、 嘉宾演讲实录

熊军（广州城市职业学院副院长）担任本期主持人

大家晚上好！很高兴能有此机会与大家在此交流。我与广州城市职业学院有很深的缘分，知道这里有很多诸如熊院长这样的名师，同学们在这里学习应该感到很幸福。学院希望通过创造条件，让企业跟学校有更多的交流和资源互换的机会，对在座的同学有更多的帮助，所以要感谢学院给大家创设了这样一个机会，我也要感谢熊院长给我这个机会，让我可以跟大家分享一些东西。通过了解我的经历，或者了解我们身边的案例，让大家一起来体会、领悟，作为一个好的学生，该怎么样给自己定好位，该怎么样树立一个理想的目标，为自己的人生做好规划。

今晚我将从三个方面跟大家分享。第一方面跟大家讲一讲我的人生经历。我的座右铭是"不待扬鞭自奋蹄"，大家可以从这句话的字面意思去理解。虽然我不属马，而且我们也不一定是"千里马"，但我们要按照"千里马"的标准去严格要求自己。我们很幸福，因为我们一生之中不断地遇到伯乐，虽然有一篇古文讲"千里马常有而伯乐不常有"，但关键点是"千里马"要努力地创造机会去找伯乐，这是今天我要跟大家分享的一个观点。

我的人生经历分 3 个阶段：第一个阶段是前 21 年，第二个阶段是中间 23 年，第三个阶段是未来 N 年。前 21 年，是我在校学习的时光。可能在座的很多同学跟我一样，读完高中我们面临着选大学、选专业的问题，而且大家可能留意到，我学的跟现在做的差异很大。人一生可能会碰到很多选择，但有一句话，可以跟大家分享，叫作"30岁之前不怕，30岁之后不悔"，就是说你30岁之前，选择做什么事情都可以不用太担心，可以凭你们的兴趣爱好去大胆选择。但是到30岁以后，基本上定了形，你就应该好好按照你的规划，去努力达成你自己的目标，掌握好自己选择的专业。

我在中学的时候文科和理科都不错，我自己比较想学文科，然而因为传统的观念是"学好数理化，走遍天下都不怕"，所以那个时候，我选择了理科专业中的生物化学。虽然后来我在整个广药服务了23年，但我去的时候，实际上所做的工作跟我大学的专业是不一样的。我在中山大学学生物化学的时候，第一个学期是我最痛苦的时候，因为第一我对生物这一科本身就不感兴趣；第二是我在中学时候近视，不肯戴眼镜，到了大学我做的第一件事就是配眼镜，然而戴上眼镜却很别扭。因为要经常贴着显微镜画图，我本身就很怕画图，我画得也不好，戴了眼镜之后就更加不方便了。再加上，我从小养成的思维习惯是发散性的，而理科更多的是很有条理、有规律的东西，这样一来就觉得很痛苦，整天就在想着换专业。后来我定下心来，仔细思考自己经历的这些事，突然觉得这个专业也挺好的。从第二个学期开始，我就把心思定下来了，认认真真地学习。那个时候我们的学习热情很高，天天都去晚自修，还要想尽各种方法占位，毕竟大学里静下心来学习还是很重要的。

除了认真学习之外，我还是学生会的干部，我主动地创造条件，做了一个名为"老水手的心声"的栏目。我把老教授、老专家比喻成在大海航行的老水手，请他们开讲座，分享他们每一个人的经历。这些老学者的分享让同学们学习到如何做一个好学生、如何学习、如何规划自己的人生。这个栏目很成功，也算是我前21年的一个亮点吧！所以同学们在刻苦学习的基础上，还要多参加一些有益的活动，比如做学生干部，可以锻炼自己多方面的能力。

中间23年的经历对我来讲，我觉得还是比较顺利的。当年大学毕业的时候，我实际上是有机会读研究生的，但我放弃读研究生，觉得已经读了那么多年书应该出来闯闯了。

1989年那个时候，毕业后可以由学校分配工作，也可以自己去找工作。我当时用自己投稿挣来的50块钱买了一件西装，算是第一次穿上西装去求职，这件西装真的帮我找到了一份工作，所以古语讲"人靠衣装"还是有道理的，希望大家将来去求职的时候，要穿得正式一点。后来因为一些政治原因，我所应聘的第一家企业倒闭了。经人推荐，我又去了广州敬修堂求职。人事科长一看我专业不对口，找个理由就拒绝了我。回到学校以后，越想越觉得敬修堂真的是一家很不错的企业。当你去一家企业应聘的时候，可以观察一下企业的厂容厂貌，包括办公环境、企业文化等，这些都能让你初步了解这家企业。当时我觉得这家企业还是比较适合我的，觉得自己还是要努力一把，于是专门给介绍人写了一封信，同时让他帮忙把这一封信转给厂长。我在信中把这个企业夸奖了一番，同时也表达了想要成为企业一员的愿望，最后我还强调，企业也许有企业的考虑，但是我来了有可能会给他们带来意外的惊喜。

后来在敬修堂工作了12年，我对这个企业充满了感情，为企业做了很多，同时这个企业也让我成长了很多。正是因为那个时候我自己写的一封求职信，认真而又不服输地去做了这件事，才真正为自己开启了职场的大门。所以今天在这里，我要告诉在座的各位同学，做任何事情首先就是要有自信，有一句话叫"没有做不到的事情，只有想不到的事情"，虽然这有点夸张，但换个角度来讲，就是希望大家一定要勇于挑战自我。

顺利应聘进入这家企业后，我先去车间实习了4个多月。按照常规，实习只是一个过程，实习结束后到人事部门报到就可以安排工作了。但我很负责任地写了一份大约20页的实习报告，把在实习过程中看到的、感受到的和一些意见写了下来。当你将这份材料交到领导那里，也就是在表现自我，加深了领导对你的印象。

后来我被分配在研究所做科研。我比较勤快，早上8点半上班，基本上7点半我就已经到单位了。很多日常的清洁工作，包括拖地板、打水和台面清理工作，都是我一个人在做。在给同事留下良好的印象的同时，我也养成了良好的工作习惯。这不是作秀，而是发自内心地以一颗感恩的心去对待自己的工作岗位和同事。自然而然我也得到了更多的认可，因此我很快成为课题组的组长。

如果当时我继续做科研的话，可能我一样会做得很好。到了第一年年底，我突然间有个想法，我要怎么去改变自己的人生。我就去找厂长，说我要当业务员。因为业务员人事变动已经调整完毕，厂长就说你科研干得好好的怎么又想当业务员了，于是就拒绝了我的请求。我跟厂长解释说，我学的是生物化学，但现在从事的是中医中药研究，我不是不想学，举个例子，一张白纸和一张旧报纸，我想做一张白纸重新规划自己的人生；因为一张旧报纸，不管怎么修改，总会有一些不满意的地方，我觉得应该给自己一个更大的挑战。

虽然厂长拒绝了我，但我并没有死心，后来经过不懈的努力，厂长终于同意让我去当业务员。我是一个热爱思考的人，很多事情喜欢自己摸索。做了业务员后，出差的时候我会写出差日记，把重要的事情写成一篇文章。那时候敬修堂有一本内部刊物，我就喜欢在里边投稿，讲一些出差过程的感受，这无形中就是一种提升，同时也能让更多人了解你。因为业务能力高，1991 年底的时候，我拿的奖金已经是 9 000 元了，那个时候 9 000 元相当于一个普通工人一年收入的 4～5 倍。有一天人事科长找我，说领导要找我做秘书，当时我立马摇头拒绝了。一来因为常年在外出差，工作方式较自由，如果回去办公室工作肯定会不适应；二来考虑到工资待遇的问题，那个时候内部管理人员的工资可能只有 200 到 300 多元，与我做业务员的工资差别太大。领导让我回去思考一下再做决定。人，如果太过于注重金钱，那可能会怎样呢？即使我在销售这个岗位做到老，最后可能只是一个销售经理或者是个骨干，又能对我有什么好处呢？或许我的追求不只这些，于是第二天早上第一时间我就答应了换岗一事。

后来证明我的这个选择是对的。可能这个岗位工资会少了很多，没有那么自由，但在一个优秀的企业家身边会得到更多的机会，能够接触到更多的事物。这也是我今天要跟大家强调的一个观点，人生中要找到几个名师，这些名师会教会你很多东西。当然你也需要不断学习、不断观察、不

活动现场，同学们反响热烈

断向旁边的人请教，三人行必有我师，对于这句话我有很深刻的体会。也希望大家在学校里面有机会就多学点东西，多掌握一些技能，多拿几个证，这些对大家日后的工作会有帮助。

2001 年的 8 月 10 日我来到王老吉工作，在那里工作了 10 年，这也是让我自己更快成长的 10 年。这 10 年里，我始终在强调的一个是快乐、一个是幸福，包括从一开始就提出要"快乐营销"到创造快乐人生。在我女儿 8 岁的时候，我写了一篇文章《快乐的炒蛋》，因为那个时候她在家里炒蛋时，曾告诉我"爸爸，我发现一个现象，心情好的话，炒的鸡蛋肯定会好一些"。我们做什么事情，包括今天大家来听我的讲座，如果是你是带着一个轻松快乐的心情，肯定会有一些收获；如果你是带着一个糟糕的心情，那我相信你不会有收获，所以说"心中有阳光，处处见阳光；心中有太阳，处处都是轻松快乐的"。

第 23 年，我做出了一个新的人生选择，我离开服务了 22 年的广药。今年的 6 月 8 号到珠江钢琴任党委书记，后任董事长。珠江钢琴是一个很优秀的企业，是我们中国人的骄傲。这个企业诞生于 1956 年，短短 56 年，成为全世界产销量第一的钢琴制造企业。大家都知道，钢琴是西洋乐器，可以算是乐器之王，珠江钢琴能做到王中之王是令我们中国人骄傲的，特别是令我们广州人骄傲的事情，所以我们要努力将珠江钢琴打造成世界最好的钢琴。未来 N 年，我选择了珠江钢琴，然后我会忠诚于这个选择，努力将自己的工作做好。

今天要跟大家分享的第二方面是我对人生的追求和思考。前面已经讲了很多，时间关系，这个方面就不展开了。希望大家认真思考几个问题，你儿时的梦想是什么？读大学的时候你的想法又是什么？三十而立思考的是什么？四十不惑又是什么？只有不断思考、不断总结，才能让自己的人生道路更为清晰。同时，要立长志而不是常立志，要踏踏实实地做人。只要你自己有一个梦想，然后有付出、有努力，相信就能够得到回报。

第三方面是我对当今大学生的评价和建议，首先跟大家分享一下我身边的几个大学生的故事，可能会对大家有一些帮助。第一个小伙子来自于河北石家庄一个普通家庭，1995 年毕业于中山大学，大学毕业以后一直在珠江钢琴工作。他从基层员工做起，然后是副科长到部长助理，再到主任，现在是集团的副总，踏踏实实，一步一个脚印。他的经历可以给大家一个启发，只要你坚持走一条路，也一样能走向成功。

第二个小伙子是钟安平，广州人，北京外国语大学德语专业，后来去了德国留学，在德国学的是语言学。2004 年到珠江钢琴工作，2006 年接任珠江钢琴欧洲有限公司进口经理，后来是珠江钢琴集团规划运营部经理助理、副经理，现在是珠江钢琴集团德国恺撒堡钢琴有限公司总经理。我之所以要跟大家介绍他，原因有三：第一，他尊敬他的职业，第二他尊敬这个企业，第三他懂得怎么去爱岗，提高自己的职业技能。他作为一个语言学专业的小伙子能够泡在车间里面跟很多的师傅学习，掌握这个行业的各项技能，成为这个行业的专家。一架钢琴 8 000 多个零件，300

施少斌先生接受广东广播电视台新闻广播采访

多道工序，他都能够掌握，现在已经成为钢琴专家。你到一个企业，你会感受到你学到的东西不够，这个时候就要不断地学习，所谓活到老学到老。我们现在还经常去上培训班，经常看书学习。大家要有计划地让自己的学历进一步地提高，让自己的知识面进一步地拓宽，不断提升自己的能力，以适应这个时代的竞争。

第三个小伙子毕业于西安华西大学证券投资与管理专业，应聘到珠江钢琴后先是被安排到流水线上当工人。后来由于我们要搞一个内部招聘，招聘一些营销人员，他主动来报名，我们发现他既不是营销专业，性格又有点腼腆。如果按照常规，可能我们一下子就把他给打发走了，但我们想听听他对上市公司定位的理解，以及珠江钢琴怎样才能更好地发展，于是给他布置两个题目，让他写两篇文章。因为有这样一个机会就把他重新安排到资产技术部去面试，一个多月的实习也再次证明这个小伙子是有能力、有能耐的。这里要告诉大家的是，有时候机会来了，你要懂得去把握。

今天借此机会也谈几点对同学们的建议：要敢于追求梦想，能够不断地拓宽视野，养成独立的精神，参与竞争，勇于挑战，或者是勇于把握各种各样的机会。遇到几个名师，对自己的人生有很大帮助。此外，为人生的下半场做好准备，也就是说活在当下，任何时候都应该过好每一天，为自己的每一天规划好该做的事情，学会总结。培养责任感，终生学习，终生创造。

最后有几句话跟大家共勉："不思进则懈，不思晋则殆。量身则闻远，量才则博深。""块块荒田水和泥，深耕细作走东西。老牛亦解韶光贵，不待扬鞭自奋蹄。"

（2012 年 11 月 9 日）

二、 现场提问环节

A 同学：施老师，您好！刚刚听了您分享的人生经历，我觉得现在心情非常愉快。我很敬佩您那种敢于追求、敢于争取的精神，但我有一个问题想请教一下您：面对当今社会激烈的竞争，而我们却是大专生，我觉得机会挺少的，您觉得我们应该怎样去提升自己，让自己在大专生中，甚至在本科生中脱颖而出，实现自己的人生理想呢？谢谢！

答：我觉得你提的这个问题非常好。人必须要有定位，定位清晰以后，才有发力的目标和方向，然后才知道怎么去做。第一，作为广州城市职业学院的学生，录取的分数可能比本科生低，但比中专要高得多，而且广州城市职业学院的录取分数比同类学校要高出很多，我觉得这是我们广州城市职业学院本身的一个优势，你们要对自己和自己的学校有自信。

第二，你们要清楚自己未来想做什么工作，包括未来的人生定位。如果是简单地停留在做一个出色的、动手能力强的员工骨干的话，那你除了学好自己的专业知识，还要注重培养你的动手能力。如果你的定位不只是做一个动手能力强的员工，而是想通过做基层骨干逐步提升为一个领导者、一个管理者的话，那你就要将专业知识学得更扎实，或是有进一步的提高。是自学也好，或者通过各种其他手段去提高也好，这是很有必要的。因为作为一个领导者，如果没办法让别人知道你想表达什么，你要教人家做什么的话，你怎么能当好一个领导者呢？你不能停留在原来传统的、朴素的"师傅带徒弟，手把手教"的认识上，现代的运作生产模式已经跟之前大不同了。所以你必须要用好的理论、好的方法去指导、去管理。

第三，不要妄自菲薄，不要觉得跟本科生比就差一截。很多的企业管理者都是由那些普通的学院、普通的大学出来的，只是因为他们从一开始就思考常立志还是立长志的问题。如果是常立志的话，他们就不断地修改自己的目标；如果立长志的话，我就建议你定好一个目标，然后认认真真地去做，一步一个脚印，那最终是不一样的。所以首先要对自己有信心。而且，我们专科生现在在劳动力市场上比本科生更抢手。为什么会这样呢？因为很多企业需要的是动手能力强的人，而不是光会理论指导、光会做领导者的人。所以我们首先是要一步一步地，扎扎实实地从基层做起，从自己动手开始。

A 同学：在您分享的过程中，我就觉得我对珠江钢琴很有兴趣，我希望 3 年之后我能成为珠江钢琴的一员，谢谢！

B 同学：施董，您好！您说 5 年之后再创一个新珠江钢琴，我想了解一下当时或者现在面临的状况中有哪些对你来说是比较有挑战的？或者现在珠江钢琴的发展面临的挑战又是什么？我想问一下您又是怎么做的，或许这些能带给我们一些人生的启示，谢谢！

答：第一，我觉得我面临的最大的挑战就是珠江钢琴已经是一个很优秀、很出色的企业了，我自己感觉到压力最大的就是如何要将优秀做到卓越或者是做到更好。因为在我们历届领导的推动下，56 年的时间，珠江钢琴从原来一个规模很小的企业，一步一个台阶地发展到现在成为全球产销量第一的钢琴制造企业。全世界钢琴的销售量大概是 45 万台，中国大概是 35 万台，珠江钢琴占了 12 万～13 万台。也就是说我们的销售量约占全世界的 25%，国内约占 30%。所以在这种情况下，如何能够再上一个台阶是我首先要考虑的一个问题。

第二，不能不否认的是，由于整个国际环境的变化，从经济危机到金融环境的动荡，包括国内房地产的调控以及各行各业的相互之间的影响，我们在出口方面会受到更多的影响。对于未来我国的钢琴行业，能不能继续保持高速的发展，这是值得我们共同思考的话题。我们通常有一句专业术语叫作：每百户家庭钢琴的保有量，我们在全世界是最低的水平。因为在发达国家，钢琴的家庭保有量是 20% 到 30%，德国或者是美国基本上是 20% 或者多一点，现在虽然有点走下坡路，但也是一个很高的水平。而我们国内最高的是青岛，大概是 12%，北京大概是 6% 到 7%，我们广州只有不到 3%。我们还有很大的空间去发展，所以我所讲的就是用 5 年的时间将珠江钢琴的销售量翻一番。这不是我个人的愿望，我相信是我们每一位珠江人的愿望，也是每一位中国人的愿望。

至于你问的我应该怎样去面对的问题，实际上，刚才回答的问题里边已经回答了。

刚才我为什么几次点熊院长的名，我是在倡导：努力去影响有影响力的人。就是通过像熊院长这么有影响力的人，做他一个人的市场，他可能会给我们带来很多潜在的消费人群，然后通过他们再去影响一大批人。人脉就是经脉，中央电视台有一句广告语叫作"心有多大，舞台有多大"。对于企业和人来讲，你的资源半径有多大，你的核心竞争力就有多大。我们珠江钢琴的员工共同的使命是将这个企业打造成世界最强的一个企业，这个是我们努力的目标。也就是我一直在强调的人一定要有志向，人要不断地进取，认真思考你下一步该做什么，用什么方式去做，这个很重要。

B 同学：谢谢您的分享，我受益匪浅。

C 同学：施董，您好！很高兴能听您的讲座，我想问一下，您获得如此大的成就，在人生道路上也可以算是一帆风顺了。但不是每个人都能一帆风顺的，请问您在出社会以后，遇到过什么比较大的挫折或者困难，从中得到什么经验或者学到什么，可以跟我们分享一下吗？谢谢！

答：谢谢你，你的这个问题提得很好。我认为自己是比较顺的，因为我有好的机遇，当然更重要的是对机遇的把握。你说的也是，人生不可能一直一帆风顺，总是要面对一些难题。由于时间关系，我就不讲那么多了，简单说一下我在敬修堂的经历。那个时候我是刚刚当上副总，由于有点急于求成，还有自己表述方法不对，造成了误会，使我对工作失去了信心，想一走了之。但是后面静下心来想想，最后还是调整了自己的心态，并解开误会。有时候我们还可以借力，当我们无法解决某件事情时，我们可以借助别人的力量来解决。

活动结束后励志社集体合影

三、 学生征文精彩选段

广东新闻广播副总监邓东力在第 4 期活动中为本期活动征文比赛获奖同学颁奖

1. 梦想激励人生

梦想是人生不停转动的永动机，我们要不断地寻找梦想，发现梦想，并能带着梦想远航。作为大学生的我，首先就要"知人者智，自知者明"，要分析自己的梦想是什么，正如施董说过的"要立长志，不要常立志"；其次要忠诚于自己的选择，坚持走一条路，一样可以成功；最后要坚持不懈，即使遇到坎坷，依旧可以笑着走下去！

——2012级旅游系酒店管理专业陈柳静

2. 梦想谱写生命乐章

我是一个来自贫困家庭的学生，曾经的灾难让我承受了巨大的痛苦，但是施董的一句话"心中有太阳，处处见阳光"，让我相信一切苦难都会过去，只要心中有太阳，前途的路定是一片光明。把曾经的苦难当作是我们的历练，没有什么是过不去的，开心是一天，不开心也是一天，何必让自己过得那么累呢？我们要时刻保持一颗乐观积极的心！

施董的分享带给我很多对人生的思考，教会了我很多做人做事的方法——敢于梦想、拓宽视野、善于思考、学会感恩、快乐生活。此刻我重拾热情、自信和斗志，向着我美好的明天出发。我要做到我的人生无怨无悔，我要为自己谱写生命乐章，为了明天而努力。

——2012级应用外语系商务英语专业陈雪娜

3. 感悟"不待扬鞭自奋蹄"

"不待扬鞭自奋蹄"是施董在这次的分享会中给予我最大的启发，它将永远地刻印在我的心中，时刻地提醒着我，成功是一步一步走出来的，并不是不劳而获、坐享其成的。只要心怀梦想，并持之以恒，梦想终有一天会实现。

——2011级公共管理系商务文秘专业冯敏

4. 梦想激励人生观后感

施董在他的学习生涯中，一直秉持积极乐观的学习态度，争取时间学习，坚信"天生我才必有用"，把握机会展现自我，并抱着"没有做不到的事情，只有想不到的事情"的决心，不断地提升自我，为他以后的事业打下扎实的基础。在施董的身上我领悟到了"书山有路勤为径，学海无涯苦作舟"的真正意义，也意识到了"富不读书富境难长，穷不读书穷根难断"的真理，读书改变命运，命运成就未来。

——2012 城市建设工程系房地产经营与估价专业林燕珊

5. 听施少斌讲座有感

施董告诉我们只要"心中有太阳，处处见阳光"，当我们在生活中有压力的时候，如果能欣然地将压力转化为动力，那么压力必将助你前进；他提醒我们青年学子要按照"千里马"的标准来发展自己，并要学会创造机会寻找伯乐；他教导我们"要立长志，不要常立志"；"活到老，学到老"是施董一直强调的一句话，学知识可以武装头脑，学习优秀的传统文化可以修身养性，使我们成为一个有道德、有理想、有文化的人。施董用他的一个个故事激励着我们青年学子。

——2012 级城市建设工程系房地产经营与估价专业李玉清

生涯专家吴沙点评

一个人找到适合其能力的工作环境，即"人职匹配"，一直是世人界定职业成功的标准。随着社会的不断变迁，当今世界唯一不变的就是变化。一职定终生的时代已悄然离去，不管你身处什么位置，如何主动适应变化，已然成为新的职业成功标准。对于身处国企高位的施少斌而言，面对不可控的变化，唯有适应，而适应的关键莫过于，明确自己真正想要的是什么之后，更加主动且持久地提升工作能力。

第三期　让梦想照进现实

怀集县文星儿童福利中心大爱妈妈苏寅莲梦想分享会

◆ 嘉宾：苏寅莲　◆ 主持：燕子（心海榕社工中心）

苏寅莲简介：1994 年 7 月参加工作，从一名教师走向公务员。2005 年任广东省肇庆市怀集县妇联主席，现任怀集县民政局局长。曾荣获"全国巾帼建功标兵""广东省实施妇女儿童规划先进个人""肇庆市精神文明建设先进工作者""肇庆市五好文明家庭（苏寅莲家庭）""怀集县精神文明建设先进工作者"等称号。

心理专家于东辉导读

人有两种活法，一种是混个轻松平安；一种是努力认真，活得足够精彩！

在许多人的眼里，妇联主席是一个颇为轻松自在的职位，如果想要混日子的话，简直太容易了。但苏主席的选择，却与此不同。她不仅不混日子，而且将此当成一份毕生的事业来追求。

其实在这场演讲中，她完全没有讲出她所经历的磨炼。作为一位优雅的女性，她并没有去享受花前月下的人生，而是将全部心力，放在那一群孤儿身上。我想这绝对是爱的力量，当爱得越深、爱得越浓的时候，生命的勇气与力量都豁出来了，就会不畏艰难。

当我们的内心对人生、对自我充满了爱的时候，也会有强大的力量！人，有许多时候不是不够努力，而是我们还爱得不够！

梦想激励人生第三期《让梦想照进现实》苏寅莲
http://www.gcp.edu.cn/mxjlrs/03.htm

一、 分享会访谈实录

陈燕（心海榕社工中心心理义工）（左）担任本期主持人

主持人：各位亲爱的来宾、朋友、同学们，大家下午好！我叫陈燕，是这次活动的主持人，很高兴能和大家一起做这个非常激动人心的分享。

大家刚刚看了我们播放的那个视频了吧？什么是梦想呢？你是怎么理解梦想的？有谁可以和大家分享一下？可以举手，我们的工作人员会把麦克风递到你手里。来，踊跃一点，我知道我们广州城市职业学院的同学们都非常积极踊跃。来，谁做第一个吃螃蟹的人？好，这位同学，来，给点掌声。

A 同学：大家好，我先做个简单的自我介绍，我来自广东湛江，名叫陈洁红，很高兴能在这里认识大家。首先我来说一下我对梦想的理解，我觉得梦想就是自己心中的一股动力。有梦想的话，就可以让自己的生活有目标，让人不会感到迷茫，不会被一些事情绊住自己前进的步伐。

主持人：非常棒，谢谢这位同学。梦想就是一个目标、一个方向，因为梦想，所以不会轻易迷失方向，对吗？还有哪位同学呢？这位同学，你的理解是什么？

B 同学：大家好，我是来自 2012 级国贸 2 班的倪文浩，我对梦想的理解是，梦想是每一位年轻人都必须坚持的，它是前进的动力，是前进的路标，它指引我们超越现实，就算身处一条曲折的小路，也能保持一个正确的方向，不会迷失，不会误入歧途，谢谢大家。

活动现场的快乐互动

主持人：太棒了，这位同学说得非常好啊。刚才我们在做小游戏的时候也提到我们要抓住梦想，不要逃避现实。游戏是游戏，但是我们还是要面对现实的，对吧？谢谢你。还有吗？最后一个机会，谁来？来，这位同学。

C 同学：大家好，我是2012级国贸1班的黄子烨。我的梦想可以说就是我的信仰。每个人都要有信仰，你不用知道自己的信仰是什么，但是冥冥之中有一股支撑着自己，让自己走下去的力量，那就是你的信仰，谢谢大家。

主持人：谢谢这位同学，梦想是个方向、是个目标、是个信仰，它指引我们一直往前跑。那我们为什么搭建这个平台呢？是为了让梦想分享人在这里和大家分享追梦的故事，让更多的人能够吸收到这种梦想的力量，找到自己的梦想。这就是我们"梦想激励人生"活动的一个缘起，让梦想照进现实。前段时间珠江钢琴集团股份有限公司的董事长施少斌在我们学校展开了一场关于梦想的讲座，他的梦想是五年再造一个新珠江钢琴。追寻梦想的脚步永不停歇，所以我们今天来到了第三期。大家都知道孩子是我们的未来，他们承载了我们人类更多的梦想。现在，我先跟大家分享一个小小的视频，给大家介绍一群孩子，大家直观地去感受一下我们这一群孩子的生活（播放视频）。

今天非常荣幸，我们现场也邀请到了怀集县文星儿童福利院的一位小天使，大家掌声邀请她上台。小美女先给大家介绍一下自己，好不好？

邓丽柠：大家好，我是来自怀集县文星儿童福利院的邓丽柠，很荣幸能来参加今天这个活动。

主持人：你的小名叫什么？

邓丽柠：叫我小柠就好了。

主持人：小柠是吧？大家说小柠长得漂不漂亮啊？笑容可不可爱啊？小柠，姐姐想问一下，你现在是读几年级啊？

邓丽柠：六年级。

主持人：六年级？那你自己本身是在哪里生活呢？

邓丽柠：我生活在怀集县文星儿童福利院这个温暖的大家庭里面。

主持人：那你之前呢？能不能简单介绍一下你之前和现在的一些情况。

邓丽柠：之前我是在乡下生活，和现在的大家庭有一个很鲜明的对比，以前我在乡下的时候，感觉缺少父母的爱。我来到文星之家以后，因为有爱激励着我，有苏妈妈对我的支持，就开始有了梦想，所以我就很努力地去追求自己的梦想，现在我在文星之家过得很幸福。

主持人：我听说你是个小主持，是吧？然后也有很多才艺？那你今天有没有给大家准备一个小节目啊？

邓丽柠：在文星之家我们有很多的兴趣班，我参加了音乐班。

主持人：还有呢？还有什么兴趣班，多给大家介绍一些。

邓丽柠：我们像学校一样开展了很多兴趣班，包括舞蹈班、书画班、美术班等。

主持人：这么棒啊，你参加的是音乐班是吧，那你一定会唱歌。今天不如给大家展示一下？

邓丽柠：我想为大家唱一首歌，歌名叫作"隐形的翅膀"。

主持人：我们清唱好不好，姐姐陪你唱。

（邓丽柠表演节目）

主持人：请坐，你刚刚提到你开始有了梦想是吧？能不能跟大家分享一下你的梦想是什么呢？

邓丽柠：我希望长大以后，做一个对社会有用的人。所以现在必须要好好学习，以后考上理想的大学，报答社会和帮助过我们的人。

主持人：太棒了，这个就是爱的传递。那今天你的苏妈妈有没有来呀？

邓丽柠：有。

主持人：她在哪里？能不能请她上来呀？

邓丽柠：好。

主持人：那我们请她上来好吗？

邓丽柠：大家有没有听过一首歌叫"有你的地方是天堂"？

主持人：有没有听过？你再给大家来一首好吧？

邓丽柠：会唱吗？那和我一起唱，邀请我的苏妈妈上台，好不好？

文星之家的邓丽柠小朋友演唱《有你的地方是天堂》

（邓丽柠表演节目）

主持人：谢谢，先请小柠坐下休息。我们以热烈的掌声欢迎我们的苏妈妈。今天终于一睹真容了，苏妈妈您好！

苏妈妈：大家好！

主持人：前一次我们在儿童福利院有见过，现在我先简单介绍一下您好吗？

苏妈妈：好。

主持人：大家听到我们叫她苏妈妈，那大家知道她是哪里的妈妈吧？文星儿童福利院的妈妈。她还有另外一个称呼，叫苏主席，谁知道她是哪里的主席？怀集县妇联的主席，负责整个县妇联工作的开展，所以她是有正职的，有她自己的工作的，同时她又做了一个大爱的妈妈。那现在我们福利院有多少个孩子呢？

苏妈妈：我们成立儿童福利院时没有模式参照，都靠自己摸索。从成立到现在，就进了4批孩子，一共77个。

主持人：明白，陆续有77个孩子进入我们福利院，又走出去了。那其实我们都有一个疑问，苏主席自己一个人做全县的妇联工作，可以说是很忙碌的，那您为什么还有想法去做儿童福利院这个工作呢？能不能给大家介绍一下呢？

苏妈妈： 在这里我首先要感谢大家能来这里倾听我这几年来在文星儿童福利院工作的经验。从妇联的角度看，孤儿就是困境儿童的一部分。我们下乡去走访，实地考察孩子的生活环境和教育情况。现在党委政府已经对孤儿这个群体很关注了，都尽量解决他们的生活难题。但是他们的教育监管问题，还是值得我们关注的。

主持人： 也就是说这些孩子的生活需求是基本可以满足的，但是他们的教育和成长需求还有很大的缺口，所以您关注到了这一点，是吗？

苏妈妈： 是。

主持人： 之后为什么想要组织一些人去做这个工作呢？而且像您刚才说的，这个儿童福利院之前是没有任何参考模式的，您为什么要去建这样一个福利院呢？

苏妈妈： 说来话长啊，2007 年，我想为孤儿创造一个家一般的地方。在我们原来广州市市长黎子流的牵线下，省里就有这样一个专项的设想。我就跟我们县的主要领导汇报，然后各级的党政领导对这件事很重视，愿意无偿为我们提供土地、场所和资金。还有一个企业家，他一直以来都想建一个孤儿院，所以我们就一起成立了这个家。

主持人： 太棒了，这个梦想就是你自己本身想要去做的事情。您自己突破了很多困难，然后去发起这样的事情，也整合了很多的资源，包括政府和企业的，对吧？上次您跟我讲过，其实这个过程当中是有很多的困难的，但您用自己的实干和行动，去克服它、去战胜它。比如说，2007 年计划建儿童福利院，2009 年就实现了。那这个过程您究竟做了什么，怎样能在这么短的时间内就把这个儿童福利院建成了？能不能跟我们大家分享一下？

苏妈妈： 2007 年 12 月，我们就达成建文星儿童福利院的意向，然后就对土地、基金等各方面进行规划。2008 年 7 月份开始筹建，整整 10 个月时间，这期间还要不断跑部门。

主持人： 那都是谁去跑啊？

苏妈妈： 都是我们妇联，那时候是 5 个人。

主持人： 因为批地这样的事情好像涉及相当多的部门，那这些政府部门支持吗？

苏妈妈： 都蛮支持的。

主持人： 那这个福利院是在什么时候建成的？

苏妈妈：2009年8月。

主持人：这么大规模的福利院，用10个月的时间建成，其实是很难的，这其中会有很多酸甜苦辣，是吧？方不方便和我们分享一下？您怎么用行动去克服这些困难？

苏妈妈：事情只要一步一步地做，困难慢慢就可以克服了。

主持人：看到苏主席眼睛里有泪光，但是那时候的困难还是没有表现给大家，给苏主席一些掌声好不好？这个福利院落成之后，慢慢地社会上会有一些人来支持，是吧？这方面能不能给大家介绍一下？

苏妈妈：得到了很多人的支持，也听了很多的人意见，这所福利院是大家一起努力的结果。

主持人：也有香港人来过是吧？

苏妈妈：有。就是香港"两地一心"的人，本来是借我们的场地搞一下活动，来了以后，觉得很好，于是决定以后每一期都来我们这，现在已经是第七期了。他们还资助了我们怀集县的大学生。

主持人：还有呢？

苏妈妈：还有我们心海榕有个团队在做心理健康方面的工作。

主持人：刚开始是你一个人，用自己的大爱在扛，但是现在文星之家凝聚了很多人的力量。

苏妈妈：很感动。是大家的鼓励和肯定支持我一直做下去的。以前困难是很多，但是我都不觉得有什么，现在，因为有大家的关心和支持，我会更加坚定地走下去的。

主持人：苏妈妈为了这个福利院付出了很多，因为她除了工作以外其他时间都在这个福利院里了，对吧？要一个人撑起这个家，77个孩子，是很不容易的。我上一次到儿童福利院，跟儿童福利院的老师和孩子交流了一下，其实他们对苏妈妈也有他们自己的评价，大家想不想看一下，别人眼里的苏妈妈是怎么样的？也给您看一下好不好？

苏妈妈：好。

（现场观众观看视频）

主持人：怀集文星福利院的植老师告诉我，苏妈妈是一个事无巨细都带头走在前面的人，包括清理猪圈的猪粪，她都亲自带头去搞。在她带领下，大家都动起来了。大家看到这个环境，非常干净、非常整洁，她对孩子的要求非常高。我第一次到福利院时感受特别强，那些孩子非常有礼貌。方方面面，凡是苏妈妈能做到的地方她都去完善它，并且带着这个大家庭的成员一起把它做得更好。视频里老师们、孩子们评价苏妈妈：实干、干练、说到做到、雷厉风行、行动力强、爽朗、实在、姐姐的感觉、怀集好妈妈……我们说一个人影响力有多大，辐射出的实现梦想的能量就有多大，苏妈妈就是一个很好的例子。

苏妈妈真的是不善言谈、不善表达的，今天也是勉为其难，而且她主要是讲怀集本地话的，今天却要用普通话跟大家分享，所以我们给她一些爱的鼓励好不好？（观众掌声响起）接下来，我想让苏妈妈跟我们分享一下您那群可爱的孩子们。请给我们介绍一下他们的现状、生活学习、日常起居等各个方面。

苏妈妈：孩子们来到福利院生活后，各个方面变化都很大。比如，有一个孩子，进来一个月就重了 16 斤，还有一个孩子一年重了 24 斤，这是身体上的改变；学习上，有很多孩子之前考试三四十分，来文星福利院后，一下子就上到 60 多分，是一个很大的进步；还有心理上，开始进来的时候，他们都很担心，因为以前他们都是被别人忽视的孩子。特别是在学校里，同学都不跟他们玩，老师也不太关注他们。但是来到我们文星之家后，他们得到了很多人的关心。我们引导他们积极面对过去，走向明天。社会中有很多人在关注着他们，他们能从乡下来到我们文星之家就是大家关注的结果。

主持人：明白，就是集中大家的爱去关注他们，然后带领他们健康地成长，对吗？

苏妈妈：对。

主持人：我们也整理了一些孩子进福利院前后的照片，我们一起来看一下，好不好？苏妈妈请给我们介绍一下他们的姓名，还有他们的变化。

（现场观众观看相片）

苏妈妈：他叫莫远。他是一个很腼腆的孩子，很害羞，很老实。

主持人：他的家庭状况怎么样？

苏妈妈：他的爸爸死了，妈妈改嫁了，姐姐出去打工了，家里还有一个外公在。莫远一个人住，但在他叔叔家吃饭。他叔叔还要养三个小孩和他的外公。

主持人：从严格意义上讲，他不算是孤儿吧？

苏妈妈：算。

主持人：他妈妈还在。

苏妈妈：但没有回来过。

主持人：孩子母亲四年以上没有回来过，孩子就算孤儿了，那么他现在的状况呢？看一下他的照片，

　　苏妈妈：他读初二了。

　　主持人：看两张照片的差异，非常明显。一个一看就知道是家里没人照顾的可怜孩子，那另外一个呢？还叉着腰站呢，很神气的。下一位，他叫什么？

　　苏妈妈：黎超。

　　主持人：真的是好大的差异。

　　苏妈妈：他在家是一个人生活。

　　主持人：他的家庭状况怎样？

　　苏妈妈：他的爸爸死了，他的妈妈去了广西就没再回来了，他自己一个人住在家里。现在他进步很大。

　　主持人：哪些方面呢？

　　苏妈妈：他是打篮球的高手，他的身材很健壮。去年，就是这个学期开始，我帮他转到另外一个学校读书，现在天天晚上看书看到十一点多，叫他去睡觉都不肯，准备读初三了。

　　主持人：大家从照片就可以看得出来，黎超个子高了很多了，整个人也非常的干净整洁。这就是爱的力量，它能改变一个人，非常感谢苏妈妈。因为时间关系就只跟大家分享这两个孩子吧。

　　当妈妈的就是这样，让她讲自己的事情的时候，她讲不出来。但是讲到孩子的时候呢，就滔滔不绝。当妈妈的一般都会勤俭持家，对吧？那让苏妈妈再跟大家分享一些内容吧。我们一起看一下这张照片，大家看一下上面写着什么字？倒尿登记本，这是个啥玩意呢？苏妈妈今天把本子也带过来了，是吧？您讲一讲这个照片背后的故事吧。

　　苏妈妈：一直以来我们的钱都是从社会上筹集回来的，每一分每一毫都是为了让孩子们能够吃饱穿暖有书读。为了节省开支，我们就搞了4亩菜地，现在我们77个孩子加9个老师的蔬菜基本上都是自给自足的，每个月就省了两三千块钱。我们还要求每个孩子每天晚上把尿储起来，用来淋菜。因为每一斤肥料得1.8元，用尿做肥料可以节省一些费用。

　　主持人：那个倒尿登记本，给大家看一下好不好？这个是他们今年的本子，我拍的那个是去年的。

　　苏妈妈：因为有些孩子不自觉，我们就弄了这个倒尿登记本，让他们去登记。如果孩子没有倒的话，我们就不给他蔬菜吃。老师每天都会去检查这个登记本，因为很多孩子没有自制力，如果我们不想办法约束他们，他们是不会做的。

主持人：那下一张照片，苏妈妈给我们分享一下背后的故事吧。

苏妈妈：菜地，每个孩子负责一块。谁种得好，我们会奖励零用钱。

主持人：这是个很好的激励办法。

苏妈妈：我们厨房只有一个阿姨，她要做所有人的饭。所以我们就按宿舍划分，然后星期一到星期五轮着去帮助阿姨。早上六点钟起床，到食堂里去喂猪、喂鸡，帮食堂阿姨分早餐，还有洗碗、拖地。

我们今年蔬菜很多，因为今年雨水多，所以那些蔬菜就容易生长，最大的一个冬瓜 37.5 斤呢。如果你有机会去，我一定会送一些给你的。

主持人：那真的应该叫你拉一车过来。然后这张照片，苏妈妈，这是怎么回事，这条小路也是有故事的吧。

苏妈妈：身体是革命的本钱，而且孩子们身体好了，我们老师也不用那么辛苦。有两三个孩子生病的话，几个老师得忙着转。所以就把原来一块菜地改为跑道，大概有两百米，能让他们有空间运动一下、锻炼一下。

主持人：就是自己建了一条跑道。

苏妈妈：自己建的，前年国庆节我们孩子和老师一起动手去把周围的石头拿开，今年又把它扩大了。

主持人：那这张照片的小孩子呢？

苏妈妈：这是我们第二批来的孩子里面的一个孩子，他接来的时候，家里还有一个 83 岁的婆婆。他第一年体检的时候，就发现血小板低，当时我们也咨询过这方面的教授和医生。第二年体检他的血小板还是低。

主持人：这个孩子第一年血小板就低，第二年还是低。

苏妈妈：虽然现在的政府部门能够给他们很好的生活保障，但是孩子们生病，可能是几十万几百万元的问题，这方面还需要得到政府的支持，我也在摸索着方法。当时我把这个孩子送到广州陆军医院，弄清楚原因，帮他调养一下，现在已经稳定了。

主持人：那他当时是一个什么样的状况呢？

苏妈妈：医生就用那个激素把他的血小板提高上来。

主持人：这照片上有一张小床，是用来做什么的？

苏妈妈：当时常带他去陆军医院住院，病房不给陪宿人员住，我就买了这张小床在阳台上过夜，陪了 7 天……

主持人：7 天都睡这张小床上？当时病房其他人都会问孩子这是你什么人吧？肯定都以为是他妈妈，后来才知道，是没有血缘关系的，"妈妈"太让人感动。

同学们被苏妈妈的分享感动得热泪盈眶

主持人：（另外一张照片）这张照片中，他们小心翼翼地吃着蛋糕，这是他们第一次吃蛋糕，是吧？很多的第一次，苏妈妈都帮他们实现了，这就是妈妈的大爱。那接下来呢，再跟大家分享一段视频，这是苏妈妈和孩子们一起过中秋的视频。

（现场观众观看视频）

主持人：全身心地付出，全身心地投入，一个人支撑起这么大一个家，真的要感谢您家里人对您的支持。

苏妈妈：是啊，如果没有他们的支持，我也做不到。在家里我连碗都不用洗，这个说出来我都觉得惭愧了。

主持人：您做的是一份大爱，他们对您也是一份爱的支持，那想请您转达一下我们对他们的敬意，真的谢谢他们对您的支持。在视频里大家可以看到，有一个老师说了一句话："你们的爸爸妈妈他们并没有走。"大概的意思是，他们都变成了天上的星星，在陪伴着孩子们。我觉得，能在这样一个家人团圆的日子和孩子们在一起，并言传身教地让他们学会爱，这真的很难得。

苏妈妈：我只是尽了自己一点点能力在帮助他们，社会上还有很多人给予了他们很大的帮助。

主持人：太谦虚了，真的太谦虚了。其实为什么没把苏妈妈跟孩子们讲话的那段播出来呢？真的想让苏妈妈在大家面前有一个很完整的呈现。苏妈妈是一位什么样的妈妈呢？我觉得我是表达不出来的。可能说严厉是一种大爱，但同时您又充满了活力，充满了能量，这种坚持是一般人做不到的，真的很由衷地佩服您。

苏妈妈：孩子们 18 岁以后，有自立能力就都回去了。

主持人：有自立能力的时候回去？

苏妈妈：就是让他们回家，其实平时也会让孩子们回去原来的家，因为我们也想让他们跟家人培养一下感情。暑假就有一个月，寒假是 15 天，清明是 3 天，可能每个人每年就回家 48 天。

主持人：好，非常感谢苏妈妈精彩的分享。

（2012 年 11 月 17 日）

二、 现场提问环节

A 同学：苏阿姨，您好。我想问一下，当您在遇到困难的时候，有没有想过要放弃？

答：没有，我们有个领导跟我说过一句话，就是"办法总比困难多"。遇到困难的时候，多想想，肯定会有办法的。

B 同学：苏阿姨，您好，我想问一下，帮助孩子的方法还有很多，为什么您要选择这种非常辛苦的途径去帮助那么多的孩子？

答：因为孩子的成长，是需要多方面给予帮助的。政府在生活需求方面已经给予孩子们很大的帮助了，但在教育和监管这一块做得还不够好。孩子是我们祖国的未来，如果孩子没有教育好，后果不堪设想。所以，能够把他们集中起来进行教育，我觉得总比他们待在家里接受别人的帮助强。

B 同学：苏阿姨，我还有一个问题，如果您的家庭不支持你这样做，您会选择放弃吗？

答：应该不会。

B 同学：那您认为这样值得吗？

答：值得，怎么不值得。只要看到他们的笑容，再大的困难我也觉得是值得的。

B 同学：苏阿姨，我想跟您说一句，您真伟大，您辛苦了。

广东新闻广播主持人、记者马琳采访苏妈妈

三、 现场心理环节

心理专家于东辉引导同学们在爱心便利贴上写下对苏妈妈以及文星之家孩子们的祝福。活动最后于老师又让同学写下各自的梦想，并把自己的梦想画在纸上投入梦想瓶，此次梦想分享会在全场观众集体朗诵公益活动倡议书的雄壮誓言声中圆满落下帷幕。

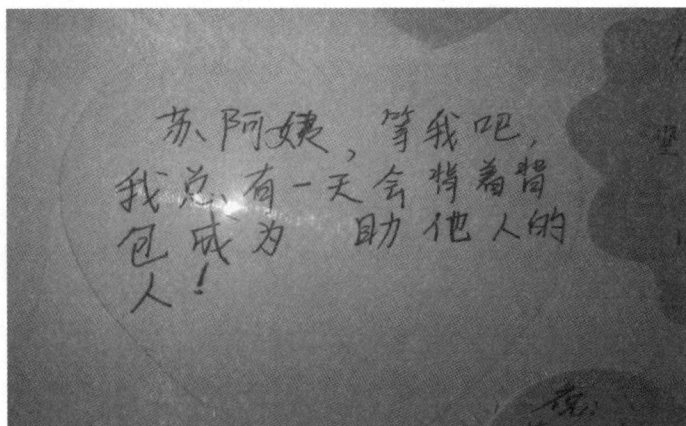

学生写的爱心便利条

苏妈妈祝福所有学生梦想都开花

四、 学生征文精彩选段

1. 路，在我脚下

我经常深思，社会上为什么出现了那么多的不良现象。我想没有人平白无故地想做一名坏人，遭受人们的唾弃与讥笑。在我们愤怒地指责这些人时，我们是否应该想一想，是什么让这些人变成这样？是无奈，是缺乏支持。人，总有脆弱的一面，当他们需要帮助时，我们应该像苏妈妈一样及时地伸出援助之手。我相信，有了支持和包容，一个个生命就可以因为我们共同的努力而绽放出美丽的生命之花！

——2012级商贸系市场营销专业曹美玲

2. "梦想激励人生"观后感

梦想到底是什么？苏妈妈告诉我们，梦想就是看见那些孩子幸福的笑颜；梦想就是看见那些孩子健健康康地成长；梦想就是即使无人支持、无人理解，也要坚持下去的那种信念；梦想就是即使面前有种种困难，也不愿放弃的那种执着。

如今的我们，刚刚步入大学。似乎一切都是理所当然，却和梦想挂不上边。我们的迷茫和无助，最后变成了得过且过。逃课、挂科，日子就这样渐渐过去，忽然就想不起我们当初读大学是为了什么。这所有的一切，都与梦想无关。直到我们牙疏发白，蓦然回首走过的时光，才暗自伤神，为一辈子碌碌无为而羞耻和悔恨。讲座的最后，我写下了对十年之后的自己取得的成就的预想。也许，十年之后的自己和现在预想的并不一样，可是没关系，只要我朝着那个未来的自己出发，哪怕十年之后，只实现了一半的梦，也是成功的人。

——2012级商贸系国际贸易实务专业黄晓岚

3. 苏妈妈，我想对您说

苏妈妈，我想对您说，感谢您的坚持与付出，让孩子们有了文星儿童福利院这个温暖的家，感受来自亲人的关爱与照顾，从此他们不再孤独、不再在黑暗中哭泣。苏妈妈，我想对您说，我非常敬佩您，是您让我从中明白了自主、自立的重要性，我想以后自己应该学着慢慢减少对父母的依赖，在学习、生活上渐渐提高自己的自主和自立能力，做一个对自己负责的人。

以前的我总是在思考自己能做些什么，能为这个社会做些什么，现在我从苏妈妈您的身上找到了答案。那就是尽自己的力量，去帮助身边需要帮助的人，哪怕只是生活中的点滴。

——2012级商贸系国际贸易实务专业赖春梅

4. 有梦就有明天

苏妈妈的文星之家，领养了70多个孩子。苏妈妈的大爱，让这群孩子在文星之家重拾他们的梦想，孩子们痛了、难过了，苏妈妈告诉孩子们站起来，迎接挑战，追求目标，积极地面对挫折！我们常以为外来的帮助最重要，实际上内心深处的力量，才是我们熬过冰雪，获得重生的力量。

我常常问自己，有没有这种"自制"和"鞭策"自己的动力？我也应该在天生的"惰性"和"玩性"之后，有更深的自我期许，那就是目标！我常常在想，我们从小到大，不断筑梦，到底是愈筑愈美还是愈筑愈丑？幼儿时，希望将来做董事长；上了高中，迫于现实的压力，希望考上自己理想的学府；上了大学，就改口以后要从事与传媒有关的工作。我所认识的自己不是不变的，随着岁月的流逝，每天都该重新认识自己、评估自己，为自己定位。"坚持"与"无悔"是每个人为自己一生做决定时，应该具备的条件。当我坚持自己的想法，并且坚持到底的时候，任何事都难不倒我。对自己绝不妥协，除了"坚持"同样也要"无悔"！

——2012级公共管理系文秘专业林精

5. 梦想激励人生

在听完了"梦想激励人生"系列讲座之后，我发现梦想这个词第一次离我这么近，我看到许多有梦想的人，他们为自己的梦想努力、奋斗。就像办福利院的苏妈妈，当主持人问她，是什么原因让她十年如一日坚持下来时，苏妈妈眼泛泪光，无言，也许十年的路艰辛漫长，也许所有的苦在那刻都化作了无言的泪，但是坚持换来的是一个美好的现在。坐在台下的我们的确没法感受到一个人在做一件自己想要做的事所经历过的艰辛，甚至我们连梦想的真正意义都不知道。但是有些事就是这样的，尽管是一件渺小的事，但只要你做了，这就是你梦想的第一步。现在的我们，最需要的，恰恰是一个能让我们不断向前的梦想，这个梦想不需要有多伟大。梦想是指路灯，在你迷茫时给你指明方向，提醒你不断向前。

——2012级商贸系国际贸易实务专业彭芬芬

生涯专家吴沙点评

美国生涯大师舒伯是生涯概念的提出者，也是最全面关注人生是由多元角色构成的人。因为每个人的时间和精力是有限的，在人生早期，角色相对比较单一，我们都能应付自如。但是当你开始步入中年之后，各种角色都在争夺你的时间，这往往会让我们感到应接不暇。所以，当我们无法全盘兼顾这么多角色时，只能选择有效投放时间和精力。因此，大多数处于中年的人都会给予工作、家庭更多的时间。苏主席比一般人更强大的是，除了兼顾工作和家庭，她将更多的时间和精力放在了"苏妈妈"——一个大爱妈妈的角色上，为孤儿们搭建一个家。

这是苏主席大爱的驱动。这份驱动背后更是她对自己人生后半场的主控。很喜欢瑞士心理学家荣格的一句话：你生命的前半辈子或许属于别人，活在别人的认为里。那把后半辈子还给你自己，去追随你内在的声音。

第四期　让青春之梦起航

广东狮子会 2013—2014 年度会长，霍尼韦尔腾高电子系统（广州）有限公司董事蔡力就业创业分享会

◆ 嘉宾：蔡力　◆ 主持：晨辰（广东广播电视台新闻广播主持人）

　　蔡力简介：霍尼韦尔腾高电子系统（广州）有限公司（全球五百强企业子公司）董事。

　　曾任社会职务：广东狮子会 2013—2014 年度会长、第十二届广州市政协委员会委员、广州市青年联合会常委。

心理专家于东辉导读

　　人生最重要的事情，往往不在于刻苦努力，而在于如何努力。找准努力的方向，永不放弃，直至等到成功的花儿开放。这是蔡先生的成功之道，也是送给大学生们的一剂心灵良药！

梦想激励人生第四期《让青春之梦起航》蔡力
http://www.gcp.edu.cn/mxjlrs/04.htm

一、嘉宾演讲实录

晨辰（广东广播电视台新闻广播节目主持人）担任本期主持人

1．读书时代的梦想

小时候，我们家很穷，中学的时候大概一个星期只能吃一顿肉，我当时的梦想就是能够顿顿吃上肉。这个梦想我用了 16 年的时间终于实现了，现在我不想再吃了，再吃就胖了。

1985 年的时候，我以优异的成绩考上了南京邮电学院。经过高考前书山题海的折腾，我的大学生活过得相当的充实。在大学里，我什么活动都参加，比如篮球、排球、乒乓球、足球、太极拳等。我不仅玩，而且玩得很认真，认识了很多人，成为各个领域的主力。譬如踢足球，你看我这身材，短短两年从完全不知道足球的规则，到成为校队的后卫，所以我认为我真正的成长是在大学。

2．我的打工之路

大学毕业后，作为当时为数不多的本科生之一，我被分配到武汉通讯电源厂研究所工作，开始一杯清茶、一张报纸的国家干部安逸生活。我一开始也没什么想法，直到某天遇到我们研究所的所长，他毕业于清华大学，而且很能干。我当时心一凉，心想我在这里干两个二十年都未必能超过这位所长，因为他是清华大学毕业的，而身边毕业学校比我有名的人还有很多，这不是我该继续待的地方。于是我内心催生了一个梦想，趁年轻，我

蔡力先生与同学们分享自己的人生故事

要出去闯荡一番。

于是我怀揣着 206 块钱直奔深圳。为什么选择深圳呢？首先因为改革开放，深圳这个移民城市是个追寻梦想的好地方；其次我是学通信的，深圳当时有 4 家做 UPS 电源的公司在招聘，而我们研究所原来就是做 UPS 电源的。为此我还找了武汉的教授写了 4 封推荐信，我去了 2 家公司面试，幸运的是 2 家公司都要我。其中一家公司接待我的第一顿免费午餐里面有肉，我一看有肉，实现了自己小时候的梦想，就留下来了。

后来在深圳金龙科技有限公司安定下来，并且凭着实力成为公司四大"销售金刚"之一。1995 年，我被总公司派到广州开拓市场，并在半年内把原本 16 万的月销量做到 200 万，这一销量让公司上下全体轰动。老板这个时候决定把我调回深圳，有了筹码我就有勇气向老板提分点股份给自己，但老板拒绝了，这激起我做出辞职自己创业的决定。

3. 我的创业之路

我的创业过程也是非常简单，我问了一位张姓客户一个问题："你是广州的零售商，我是批发商，要不我们俩自己做好了。"他第二天就来找我，说我们可以开个公司，然后我们从 1995 年一直合作到现在，一共 18 年，他现在是霍尼韦尔彭高泡芙广州有限公司的副董事长，他目前还在那里，我已经出来了。

创业成功的经验是什么呢？首先，要与人为善，我从读书到现在可以

蔡力先生与学生现场互动

说都没有仇人。如果自己不小心做错事，伤害了别人，一定要学会负责，这样别人就不会一直记恨于你。

其次，你要言而有信，答应别人的事情一定要尽全力完成，譬如我答应了来参加这个讲座，即使有再多的事情忙，也要集中所有精力完成已答应的事情。作为老板，言而有信就是诚信对待员工和客户，这是我做生意一直坚守的底线。所以从1995年创业至今，我没有拖欠过员工的一分工资，而且每次都是准时发放，如果我钱不够了，我都会提前三天借钱来发放工资。对待客户也是如此，曾经我们有个重庆的客户向我们投诉，要我们按合同赔偿他8万。当时我跟他的交易额也就8万，而且合同存在责任不清晰的地方，但我看他如此愤怒就同意赔偿他8万，这让我的合作伙伴和员工都甚为不解。但从那以后他一直坚持跟我合作，最后做成了500万以上的生意。

再次，你要学会坚持。无论是做生意，还是参加一个竞赛，你都不能随便放弃。做产品也是如此，无论什么样的产品，只要坚持得住，有朝一日就能成为名牌，因此我们说梦想是需要坚持的，而学会在逆境中坚持梦想是每个创业者的必经之路。

1998年，也就是我刚开始创业的时候，那时特别苦。有一次我凌晨四点多开一辆破烂不堪的货车从中山回来，差点撞上前面的车。在好几次想放弃的时候，我就在想100万的现金是什么样的，梦想着自己什么时候能赚到100万，然后开公司。这个梦想激励我努力克服遇到的挫折，我知道只要我不断往前走，总有一天会看到100万、200万甚至更多的现金长什么样子的。

最后，创业要思路清晰。我分享一个本人的案例，大二时，我发现了大一新生进来的时候没有凉席，发现这个需求后，我立马骑着自行车去南京长江大桥下的席子批发市场进货，然后以翻倍的价格卖给师弟师妹们，赚取了我大学里面的第一桶金。因此就业和创业是有区别的，就业找饭吃就行，创业你得发现需求。

所以，刚才有同学问应该就业还是创业，我认为假如你能发现身边同学的需求的话，你就创业，反之，你还是就业吧。我并不鼓励每个人都创业，因为一个足球团队都有前锋、中锋和后卫，我们需要找到适合自己的角色。

4. 我的公益梦想

商业是交换，公益是给予，能够帮助别人会给自己带来很多快乐，我特别喜欢一句话叫作"快乐成就贡献"。快乐就是要学会正向看问题，保持快乐之心很重要。成就就是一旦决定做什么就不要放弃，坚持做到底。而贡献，正是我目前身体力行做的事情，比如说有钱出钱，有经验分享经验。

最后在结束之前，我想跟大家分享一个观点：一无所有是人的本质。创业不是官二代、富二代才适合，恰恰一无所有，会让我们拥有无限的可能。所以同学们，如果你想创业，当你发现一个创业机会时，要善于把握，不然当你还在思考时，别人可能已经把肉吃到嘴巴里了。创业时不要担心你会失去什么，最终你会得到更多的经验和财富。如果你想就业，你也要注意发现你身边的人和事，学会解决问题。

同学们，加油吧！有了想法就勇敢去做，如果失败，那只是延长你一无所有的时间而已。不断努力，我们总会成功，总能吃上肉的，就像我一样。希望大家都能实现梦想，并让梦想激励人生，谢谢。

（2013年5月29日）

二、 现场提问环节

A 同学：蔡总，你好！我想问两个问题，第一个问题是现在我们社会越来越流行所谓的成功学，你觉得成功学的课程是否有效？第二个问题是通过你这么多年的创业，你是如何定义成功的？谢谢！

答：成功学的课程我也上过，那有没有效呢？有一定的效果，但我认为它不能解决根本问题。因为每个人都有他的性格、实力、因果，又或者有他的特殊性。成功无法复制，因为每个人的梦想都不一样，有人梦想做老板，有人梦想成为成功人士，我觉得根本问题就是追随自己的梦想。当你想干一个事，把它变成你的梦想，然后想尽办法去实现它。一个人前进的力量是无法阻挡的，这不是单靠成功学的那些步骤能够推进的。

什么叫成功？我认为就成功和成就来说，成就比成功更难实现。成功是可以量化的，成功是阶段性、碎片化的；成就是持续的、全面的，我更推崇成就。

B 同学：蔡总，您好！我是大二的学生，即将面临实习。我想问的是像我们这种没有工作经验的大专应届毕业生，在找工作的过程中，应该如何突出优势呢？谢谢！

活动现场学生向主讲嘉宾提问

答：对我而言，我会特别关注他曾经做过什么。例如他是否曾经在学校里主持过一次公益活动，或者参加过志愿服务，或者是否在某个领域拿过奖，演讲比赛、舞蹈大赛、运动竞技等都可以。另外就是要有梦想，你可以在你的简历上面写上你的梦想。

三、 现场心理环节

心海榕心理专家于东辉老师引导学生现场表演心理剧《20 年后的我》

心海榕社工中心心理专家于东辉老师引导学生现场表演心理剧《20 年后的我》，随着于老师的引导，同学们遥想 20 年后广州城市职业学院已经成为广州一所一流的大学。学生代表在舞台上自信大胆地演绎了自己辉煌的未来，有食品系的同学发出壮志豪言要成立洪阳食品有限公司，立志让国人喝上健康放心的牛奶；有艺术设计系的同学畅想未来自己成为一名设计师，设计出很多令人满意的作品；有商贸系的同学扬言要致力于成立学院助学基金会，让更多的学弟学妹受益。台上同学们的精彩表演让现场同学们也开始大胆放飞自己的梦想，整个大礼堂洋溢着青春梦想沸腾的气息。

分享会在领导和同学们齐声诵读梦想篇章的声音中落下了帷幕，相信 20 年的不懈努力，每个生命都会焕发光彩。20 年后感恩母校，青春无悔。

广东广播电视台新闻广播副总监邓东力（左三）与嘉宾及师生合影

第四期明信片正面

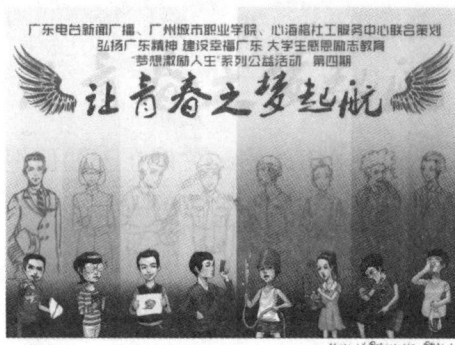

第四期明信片反面

四、 学生征文精彩选段

每个人都会有自己的梦想，蔡力先生说，每个人在不同的阶段都有不同的梦想。所以就我们大学生而言，梦想是利用大学里学到的知识、经验和宽阔的视野丰富大学生活，完成我们人生的另一个转折点。

——夏艳玲

梦想是什么？有人说：梦想就是让你感到坚持就是幸福的东西。蔡力先生的演讲勾起了我对幸福的回忆。当我闭上眼睛，仿佛看到乡下雨后稻田里禾苗绿得发亮的样子，偶尔有一两只小鸟掠过门前盛开的黄色小花。我的梦想，就是在以后的每个炎炎夏日，都有机会回到那个家门前，深深陶醉在这幅画卷里。无论梦想有多平凡，只要心中有梦想，就该坚持！

——很想去旅游的宝姗

青春与梦想是一组平行线——青春让我们活力无限，梦想使我们奋力前行。通过蔡力先生的演讲，我明白了什么叫坚持，什么叫机遇。梦想需要坚持，成功需要机遇，拥有梦想和向往成功青春才会焕发亮丽的光彩。二十年后的自己，将身在何处？为青春之梦起航，我们义不容辞。我是蔡洁娜，我为梦想代言！

——蔡洁娜

还记得那个被人嘲笑成"跳舞的猴子"的卓君吗？还记得那个在餐厅当服务生的周杰伦吗？又是否还记得那个目盲耳聋的海伦·凯勒？也许我们只看到了他们光鲜亮丽的一面，却不知道他们成功背后坚持梦想的辛酸苦辣。蔡力先生说的对，梦想是要坚持的，有梦就该追，风华正茂的我们要坚持让梦想开花。

——@ xy_祥艳 z

有梦就有未来，关键在于如何把梦实现，并付诸实践，持之以恒。蔡董说："一无所有是人的本质。"身无长物的当代大学生们，让青春之梦起航吧！

——@ 谷蓝冰

高考的失利磨灭了我当医生的梦想，顺着母亲的意，我选了会计专业。已经错失了后悔的路口，怀着抱怨无奈只好消极面对现状。蔡总的一番话，激起了我内心仅存的一点热情。梦想其实是被生活所迫而不断磨炼自己而来的。也许这不是原本我想要的，但不断前进，梦想也可以以另一种形式实现。

——@ 乔奕洋 chris

从小我就有一个梦想，我希望在未来的某一天，我能为这社会贡献我的微薄之力，我希望我能为有困难的人们做我力所能及的事情。简简单单的梦想伴我走过了二十个春秋，我还是会坚持我最初的梦想，带给这社会些许温暖。既然选择了远方，便只顾风雨兼程。

——陈雪娜

生涯专家吴沙点评

　　努力就会获得成功吗？蔡力先生用亲身经历告诉我们，瞎努力是无法获得成功的，要想成功一定要聚焦。因为成功是需要条件的，成功是需要背负选择的责任的。而选择聚焦的方向往往是能够让我们坚持的事情，这可能跟兴趣有关。美国马里兰大学教育学院教授伦特发现，对一件事情持久的兴趣通常源于人们认为自己能够胜任，且预估到行动能产生有价值的结果。这正是蔡力先生取得成功的条件。

第五期 用梦想点亮人生

广州白云山汉方现代药业有限公司董事长、总经理黄翔追梦人生分享会

◆ 嘉宾：黄翔 ◆ 主持：熊军（广州城市职业学院副院长）

黄翔简介：广州白云山汉方现代药业有限公司董事长、总经理，西藏林芝广药发展有限公司董事长，广州市人大代表，广州市人大内务司法委员会专业组成员，广州市慈善组织社会监督委员会委员，广州市高级技术职称评审委员会委员，广东省保健食品行业协会副会长，广东省保健协会理事，中药提取分离过程现代化国家工程研究中心副主任，中山大学工程硕士校外导师，广东药学院工程硕士校外导师。

心理专家于东辉导读

为了做好一件事情，你会花多长时间去准备？

每个人的答案都是不一样的。在黄总的眼里，他却愿意用一辈子的时间，去做好一件事情，那就是自己的事业。所以，他才成为一位优秀的企业经营者。其实在一个老化的国有企业里，要想做好一位管理者，并非易事。因为种种僵化的思维习惯，已经成为企业发展的阻力，而且难以改变。往往又不能用民营的方式，大刀阔斧地变革。所以，黄总获得的成绩，更为难得。而其中的奥秘，就是那种不断学习的精神，不停努力的心态，还有一辈子的准备。

为了明天的成功，我们做了什么准备，又用多长时间去准备呢？这个问题值得我们深思哦！

梦想激励人生第五期《用梦想点亮人生》黄翔
http://www.gcp.edu.cn/mxjlrs/05.htm

一、嘉宾演讲实录

黄翔董事长（右）与熊军副院长（左）在分享会现场

尊敬的熊院长！尊敬的各位领导、各位老师，亲爱的同学们，大家好！荣幸之余，也怀着诚惶诚恐、忐忑不安的心情坐在这里，来做这么一个演讲，这是我第一次走上大学讲台。二十五年前，我和你们一样是学生。今天是第一次坐在这里（大学讲台上），那我想，我将尽我最大的努力来表现好，如果讲得不好的地方请大家包涵，请大家批评。

我演讲的题目是"用梦想点亮人生"，这个题目是我们古处长给我的引导和启发，感谢古处长！今天晚上我为什么会来到这里，有三个原因让我鼓起了勇气。

第一个原因是我们的熊院长的莅临。因为我和熊院长是几十年的好朋友，一直以来，熊院长在我们的朋友圈中，都是一个德高望重又年轻有为的人，从他身上我学到了很多。当初他邀请我来做演讲的时候，我的第一反应是有点害怕，第二反应是如果这次不来的话，下次我要是想再从熊院长身上得到智慧，恐怕会增加难度。想来想去，权量之下，还是接受了。今晚在这里抛砖，希望今后能够继续从熊院长身上学习到更多智慧，因为跟他相处是一件很愉快的事情，他每次都能让我学到和感受到很多新的东西，所以这是今天我来这里的最主要的原因。

第二个原因，是因为不知不觉中我已是年过半百的人了，一路走过来，心中越来越强烈地感受到了对社会的责任感。二十五年前，我和你们一样——在学校里学习，可能对社会、对人生处在一种探索、思考、茫然的状态。我跟你们一样读大学，但我们那个时候读完大学国家有政策包分配，就是包解决落实工作。我觉得你们现在更加优秀，我更加佩服你们这个时代的学生，因为你们现在大学毕业后国家没有包分配。你们这种自立的能力、自强的能力、对社会适应的能力，比我们那个时候要强很多，我真的很佩服你们！但是呢，毕竟可能我比你们在这个世界上经历的事情多了一点，感觉到我们能够走到今天，其实是有很多人在帮助我们，那么今天我觉得我也有责任、有义务尽我所能为在座的各位提供一些建议。

第三个原因，确实也是因为我有一颗回报社会的心。虽然我们国家数千年来所取得的伟大的成就，应该是举世瞩目的，但是一路走过来，我们经历的一些事情，让我们更加爱惜现在的社会。我们每个人都是社会的一分子，只有当每个人都对社会付出的时候，这个社会才会更加温暖，这个社会才能变成我们大家所期望的样子！所以，到了这个时候，过去几十年我一直在向社会索取，今天我也想寻找一些方式，为社会做一些力所能及的事情。所以我接受了熊院长的这个邀请。

我的少年时代，因为家境贫寒，所以是在寄人篱下的生活中度过的。从湖南到江西，因为父母没有地方落脚，就把我放在舅舅家。后来等到父母找到了住的地方，才把我接回来。跟父母才住了一个多月，父母又从一个农民那弄到了一个军工厂的工作，于是又把我寄放在农民的家里，那时候我才八岁。我住在农民的家里，每天自己做饭，自己洗衣服，自己上学。后来父母在军工厂安定下来，才把我接过去，我刚刚在父母身边待了大概两三个月的时间，父母又从军工厂转到了官山林厂，让我一个人和厂里的那些建筑工人住在一起，跟他们吃食堂。在工地上的那种食堂，不像你们大学里的食堂，那就是在工棚里的食堂。到目前为止我还没有听到哪个人读的学校比我更多了——我基本上是每一个学期或者每一年都会换一所学校！而且由于跟父母相处的时间不长，我越来越独立。这就是我的少年时代。

因为我经常换学校，每换一所学校首先做的第一件事就是学方言，哪怕一个县都有几种方言，所以我现在可以讲十几种方言。有人问为什么我学外语学得比较快，因为在大学里我学了德语、法语、日语，这可能就是从小学方言学惯了，我觉得学外语就像学方言一样。后来到了高中阶段，我读书成绩不理想，父母也没管我，我自己也觉得对学习没有什么感觉，就稀里糊涂过着。但是，自从那天傍晚开始，我真的开始发奋学习了，我

> ### 三、青少年时代，梦想把我从混沌中唤醒
>
> #### 2. 黄昏下的一幅景象，唤醒了我青少年时代的梦想
>
> 　　1981年5月，大墩河边黄昏下的那一幕，唤醒了我作为一个社会人的责任和觉悟，也唤醒了我青少年时代的梦想。责任和梦想的动力是其他任何动力都无法比拟的，这种动力既强劲又持久。

嘉宾现场演讲 ppt 截图 1

读书再也不需要父母和老师来要求我做什么，都是我自己给我自己提要求！我很艰难地以倒数第一名的成绩考进了我们县的重点班，但是一个学期以后，我就在我们的重点班里排到了第八名，然后一直稳定在前十名！

　　在我的青少年时代，由于感受了社会许多底层的人和事，所以我自己感觉：真情待人是一件很重要的事情。我在高中的时候，班里同学一半是来自农村，一半是来自县城，而我的家是在另一个县城。那时候我发现了这样一个特点：城里的同学看不起农村的同学，农村的同学也很不愿意和城里的同学交朋友。但我跟这两边的同学都处得很好。为什么会这样呢？我觉得是因为一直以来我能够以谦卑的态度面对比自己更卑微、更弱势的人，也能够自信地面对比自己更优越、更强势的人。尊重身边每一个人，这是我做人的原则和风格。这一点不仅让我时时感受到身边环境和氛围的温馨，也得到了很多善意的帮助和支持，甚至还让我拥有了很多值得一辈子结交的朋友，让我成为一个精神上的富有者。

　　后来我也顺利地考上了大学。大学确实也是我人生中一个重要的转折点，对于我一生来讲太重要了。我记得我上大学的时候，有一首歌让我刻骨铭心，我这一辈子都记不了几首歌，唯独这首歌的歌词我记得很清楚，想忘也忘不掉，就是当时侯德健作词、程琳唱的《趁你还年轻》。那首歌的歌词大概是这样的：也许你不相信，也许你没留意；有多少人羡慕你，羡慕你年轻；这世界属于你，只因为你年轻；你可要抓得紧，回头不容易；你可知道什么原因，有人羡慕你，只因为他们曾经也年轻；你可明白什么道理，有人嫉妒你，只因为他们不能抓得紧；趁你还不需要翻来覆去考虑

又考虑，趁你还不知道为什么叹气，趁你还不需要装模作样证明你自己，你想什么什么就是你。

我的大学时代也有很多美好的回忆，但是我尤其庆幸我做了以下三件事情。第一件事，我在大学时很努力、很认真地学习，这让我掌握了扎实的专业知识。第二件事，我养成了学习的习惯，学到了学习的方法。当然我的生活不只是学习，我也很喜欢运动，以前在中学的时候我唯一的运动就是跑步。我从初三那个黄昏之后，每天都坚持晨跑，星期一到星期五的早晨我是跑1 500米，周六周日我是跑5 000米，风雨无阻一直跑到高中毕业。下午放学之后我就爬山，爬到山顶上看一个小时的书然后再爬下来。跑步慢慢成为习惯。踢足球不需要很多技术，所以喜欢踢足球，但是我也喜欢打网球和游泳。在大学期间，热爱运动让我得以拥有强健的体魄。我觉得养成运动的习惯是非常有益的，因为我们做事业需要有一个健康的身体来支撑我们。如果你们现在还没有重视运动，没有养成运动的习惯，那么从现在开始一定要养成这个习惯。第三件事，就是思考。虽然当时我选的是理工科，但是我们也可以学习文科的一些课程，也经常去听一些专业的讲座。这些讲座往往会诱发我们很多思考，这对于养成思考的习惯是很重要的。当我们走进社会，会发现所处的环境跟在学校是不一样了。学校有老师呵护我们，当我们犯了错误，老师会帮我们指出来，会教导我们怎样去改正。可走出社会以后就不一定有这种条件，也不一定有这种氛围。很多时候你错了也没人帮你指出来，所以要自己思考。经常思考这个习惯要在大学的时候养成，在思考的过程中，我们也该去想我们这一辈子应该怎么过。在大学时代，我们比较自由，有足够的空间和时间让我们思考，

四、大学时代，用梦想指引自己的人生规划

3. 大学时代应该学会什么

⭐培养学习能力，完成一定的专业知识积累

⭐养成良好的生活习惯和积极进取的阳光心态

⭐锻炼自己强健的身体

⭐积极参加社团活动

⭐发现自己的爱好，培育自己的优势

⭐探寻自己的人生理想

嘉宾现场演讲 ppt 截图 2

去发现我们自己的爱好和兴趣，然后为自己的人生做一些规划。

那么在大学时代应该学会些什么？第一，要培养自己的学习能力，完成一定的专业知识的积累，这是我们走出社会与社会接轨的第一步。第二，要养成良好的生活习惯和积极进取的阳光心态。良好的生活习惯很重要，会使我们终生受用；而坏的生活习惯，可能会害了我们。什么是良好的生活习惯呢？比如生活要有规律，在学习或者与他人的相处中，遵守社会的规范和规则；要做一个有修养的人、有素质的人，那这个修养和素质主要体现在哪里呢？这主要是体现在一些小事上，包括我们要信守承诺，言出必行，这就是一种良好的生活习惯，对我们今后的人生有重要的影响。

相反，如果有了不好的习惯，那么到了社会以后，可能我们有时候做错了，也不知道自己错在哪里。好的习惯会让我们觉得怎么自己一路走来那么的顺畅，上天怎么对我们这么好。其实这世间没有无缘无故的爱，也没有无缘无故的恨，因为你对别人好，你对这个世界好，这个世界自然会对你好。而如果你身上有太多的不足和缺点，那么这个世界、这个社会也一定会对你产生反应。

走出大学校园之后，如何迈好进入社会的第一步？我想走向社会的大学生，可以分成 4 种类型：有志无为、有为无志、无为无志、有为有志。第一种有志无为的人，就是心比天高，有很远大的理想抱负，很想做一番事业，但是又不愿意沉下心来，不愿意脚踏实地做事情。第二种有为无志的人，就是没什么抱负，也没什么大的追求，但是勤勤恳恳地工作。第三种无为无志的人，就是啃老，随便混日子。第四种有为有志的人，就是既

师生们为嘉宾的精彩分享鼓掌

有理想、有目标、有志向，更有行动！我希望大家都做有为有志的人。

李嘉诚先生曾说过一段话，让我挺有感触的，他说："付出就想马上有回报的，适合做钟点工；期待能够每月得到报酬的，适合做打工族；耐心按年度领取年收入的，适合做职业经理；能够耐心等待 3～5 年的，适合做投资家；用一生的眼光去权衡的，适合做企业家。"但在这个世界上有很多人只愿意用中等人的思维去换取企业家的回报，所以，会痛苦，会纠结。在人生的道路上，我们要选择走大路，格局决定结局，心态决定一切！

前面我为什么要介绍我的童年，主要是我觉得那份经历是我一生的财富，它使我在那以后不管置身何种困境、面对何种环境，总能保持平和、积极进取的心态。大学本科毕业后，我拼命埋头工作。大学里没学过的知识，工作以后我努力去学。第一年下来，我自己都没想到，我居然被评为白云山集团的十大标兵之一！因为连续三年，白云山集团新入职的大学生有超过 1 000 人，1987 年 500 多人、1988 年 200 多人、1989 年近 300 人，而且很多人是中国一流名校毕业的，如清华、北大、复旦、上海财大……所以，我并没想到，集团会评选我为标兵。

我觉得走出社会时选择的第一份工作是很重要的。如果让我给大学生们提一些建议，我的建议是：第一，选择自己喜欢的区域。有人喜欢北方，有人喜欢南方，工作和生活是密不可分的，建议选自己喜欢的区域。第二，选择一个前景比较好的行业。我们在大学学到的是学习方法和好的习惯，其实专业是否对口并不太重要，出到社会还是需要继续学习。第三，选择可借力的资源。如果有机会、有条件、有资源可让我们起步更快、起点更高，这也是一种发展的捷径。

走出社会，非常重要的一点就是要有虚心学习和积极进取的心态，这样才能赢得领导和同事们的信任。在工作中多做一点，不要怕辛苦。我记得，我第一个领导对我们说过一句话："老实人吃小亏占大便宜，会耍小聪明的人经常占小便宜但可能会吃大亏。"我就属于老实人，天天埋头苦干，从来不计较任何东西，但最后也是会有回报的。在工作中，我也经常会跟年轻人讲一定是先有付出后有回报，付出和回报永远不会同步的！工作中如果你能够努力工作、为单位多做贡献，一旦有晋升机会时，领导肯定会优先考虑你。在社会上一定要多靠自己，靠自己是最安全的，靠自己的努力更加能够赢得别人的尊重。

在工作中，我觉得应该为自己确定一个专业的目标和标准。领导会对我们提出工作要求，而我一直把领导的要求作为一个底线。在面对任何工作时，如果领导给我定了目标，我给自己定的目标就一定高过领导的目标，甚至我会按照一个职业经理人的要求去努力。当你完成了自己设立的更高的目标时，足以证明：第一，这个目标肯定超出你的预期，你一定会让人刮目相看，一定会让你在职业生涯中赢得更多的机会；第二，你有自己的能力和价值，这是对自己最大的鼓励。在工作中，我就是一直这样要求自己的。

有一次我带领团队完成一个项目，当时我们连续工作了六个多月，每天工作十五六个小时以上，期间只放了一天假。于是有同事说："黄厂长，时间太紧了，我们把当年那个'双加'项目的图纸拿出来复制一下，这样就容易很多了！"我说："不行，那是我们三年前的水平！三年过去了，我们的视野更广阔了，我们掌握了很多新的知识，我们一定要把最新的理论知识应用到这个新项目中。"同事说："时间不够，怎么办？"我说："时间不够，我们拼了命也要干，不能在这个项目中留下遗憾。"

后来我们去找设计院帮忙设计，在讨论的时候，设计院的人说："黄厂长，你这个项目是不可能实现的！按照你这个要求如果项目实现了，我们设计院从1952年建院以来起码几十个项目都被你破掉了！你这样是违反科学规律的，这样是不对的。你回去带话给你们董事长，请他要尊重客观科学规律！"我说："我理解，你们说的也对，可是我们在尊重客观规律的前提下，要用超常规的思维，来做好这个项目！"

这个项目国内是完全没有先例可以参考的。不过，还好我平时喜欢学习、喜欢跟一些跨国公司进行交流，这让我有机会接触到更多的新鲜事物。但是有些设备当时买不起，如果当时能把那套价值六百万元的设备买下来的话，项目很容易完成。后来我把这套设备整个系统原理完全消化后全部国产化，国产化之后，又没有人做。为了控制成本我请求商家他们的谅解和帮忙，我们企业当时很困难，需要一个机会。他们听后问我为什么这么说。我说："既然这样，我们也不收知识产权费或其他费用，我把技术告诉你，你帮我做出来，但是这个设备你只收回成本价就好了，一分钱利润都不收行不行？"很多国企基本不愿意帮我，于是我就去找民企。我们的构想国内是没有的，也就是说我们把这个项目告诉他，等于是在帮他发展，所以这个项目最后是高标准地完成了！

我举这个例子的目的是告诉大家：在工作中，我们要敢于挑战自己，要学会多角度思考和解决问题，我们要给自己设定一个更高的目标，这样我们才能做得比别人更有优势，才能为社会作出更大的贡献！

大学生要培养团结合作、勇于承担的精神，以此来回报同事、领导的信任。离开了团队和平台，我们再优秀、再能干也将一事无成，我们都需要团队！刚走出社会的大学生，在工作中一定要培养执行力。领导交代的事情不要找理由、找借口，而应该找方法、找路径。做一个积极的人，我们只为成功找方法，不为失败找理由！

六、实现梦想，夯实事业的基础

1. 在心中建立起人生的目标和路径规划
2. 建立终身学习的意识和习惯
3. 妥善处理好人际关系，积累和善用内外资源
4. 培养自己的判断力、决策力和领导力
5. 沉稳应对生活和事业中的顺境与逆境
6. 取于社会，回报社会

嘉宾现场演讲 ppt 截图 3

下面谈谈我在工作中的一些感受。第一，当我们工作了一段时间之后，我们的理想和目标会越来越清晰，我们对自己会有更准确的定位，会有更清晰的人生规划。当然，在实施人生规划过程中，我们要一边做、一边调整、一边纠偏。就像我们的 QC 管理里面的 PDCH 一样，不断地设定目标。不管目标实现与否，都要进行分析。有了目标之后就要付诸行动，行动的过程中我们要检查自己做得如何，并不断地改进。

第二，一定要树立培养终生学习的意识和习惯，这一方面我很有感触。我做化学这行做了 17 年，好不容易在国内已经小有名气了。可是后来突然有一天，领导说，要调我去一家营销公司做营销副总。我是没有做过一天销售的人，当时我也感觉压力好大。但是，过去的经历让我学会了在任何困难和挑战面前都不会轻易退缩，而是敢于面对挑战，所以我欣然接受了这个新的挑战。

可是我在那家营销公司才工作了 250 天，集团公司换了新领导并安排集团组织部门准备新一轮的干部考察，说要在我们十几个人当中选拔一位来担任新厂长兼党委书记。接着，集团人事部部长为了考察我，跟我的领导、同事和下属分别进行了交流，考察结束后，部长对我说："黄翔，我做人事工作 20 多年，今天我的感触很深！因为每一次干部考察时问及每个人，尽管都是会说一些好话，或者表面上说一些好话，但是或多或少都能听出话里面的弦外之音。但是今天考察你时，从董事长、总经理到班子副

总以及每个人都是发自内心地在夸你。我们再三要求他们必须提一些意见，所有人都说对黄翔没有意见，说你真的很好！"所以我有幸成为所有被考察干部里面评价最高的一个，我又回到了原来的那个单位担任厂长兼党委书记。后来我才了解到，其实之前为什么要将我调离，因为当时企业已经在亏损边缘了。企业已经连续四五年没任何增长，利润逐年下降，集团领导说不要等亏损了再关掉，已准备将工厂停产关闭了。可是后来集团换了新的领导却说"这个亏损企业如果换一位新领导试试，说不定会扭转企业局面"。我们企业有 15 年历史，销售额才做了 2.3 个亿，而我用 2 年时间做了 4.2 个亿，我在企业濒临亏损时用 2 年时间实现了利润 1 800 万。在这个过程中，我觉得我就是在不断学习的。

第三，在工作中必须妥善处理好人际关系，善于积累和调配资源。在工作中靠一个人是做不成事情的，必须靠团队，所以我们要处理好与同事之间的关系。当然，这并不是指做老好人。如果仅仅是做老好人，那么工作是一定做不好的。要既有原则，又有灵活性，同时又讲技巧。这是在工作中的一种体验、一种积累。当然这可能是由于我童年的经历，让我在这方面受益良多。所以我觉得我们要用一种谦卑而自信的心去面对每一个人，做一个有原则的人，有进取心的人！

第四，在工作中要积累内外资源。充分发掘和利用一切的资源，这是帮助我们提高事业成效的重要途径。如果大家想在事业中有所成就的话，就需要提高判断力、决策力和领导力。怎么去提高这些能力呢？我觉得这些能力源于实践和平时的思考、积累，以及我们以身作则的表率。如果说一个人平时对自己要求不严格，却想严格要求别人，那是不可能的，这样就不会有领导的威信力。如果平时在工作中不了解情况，不勤于思考工作中的各项问题，我们的判断力与决策力是不可能有所提高的。只有不断实践，不管是失败还是成功，都善于从中总结思考，这样才会在积累到一定的时候使其成为一种直观的态度、直觉。我们在思考任何问题的时候，要有方向，这样即使是一个从来没有接触过的问题出现在我们面前的时候，我们也能很快想出解决这个问题的方法和手段。

第五，我们要诚恳地面对生活和事业中的困难与逆境。人生道路上不可能一帆风顺，都会遇到各种困难，因此我们应该做到：得意时不要得意忘形，不要忘乎所以；失意时也不要失去自信，不要失去自尊。人生没有过不去的坎，但也不能因为一次成功就让我们一辈子引以为傲。成功的时候，要多想一想，我们的顺利是建立在很多人的关心和支持的基础上的，我们要珍惜别人的支持和帮助，我们要有一颗谦卑的心，去对待支持和反对我们的人。当我们失利和遇到挫折时，我们也应该有自信心。拥有平常心和自信心，也是一个成功者必须具备的心理素质。

第六，我们要有一种回报社会的心态。在过去二十多年的人生历程中，如果说在我在工作中学到一些东西，积累了一些知识，也取得了一点点成绩的话，那也是得益于社会给我提供了平台，我的领导、我的同事给予我的帮助。我所有的一切都是社会给我的，那么我作为社会一分子，也应该回报社会。在工作中，我们用工作业绩来回报社会，在生活中，我们可以通过做一些力所能及的事情来帮助别人。

第七，做人心中要有爱，善良的人是幸福的。幸福其实很简单，幸福与住房的大小无关，够住就好；幸福与存款的多少无关，够用就好；幸福与权力的大小无关，有喜爱的事业就好；幸福与眼前的困难无关，有希望、有进步就好；幸福与感恩无关，幸福与善良无关，幸福与友情无关，幸福与追求无关，幸福与健康无关！这是我在来这分享之前自己想的，绝对不是抄的。

第八，凡事感激。感激伤害你的人，因为他磨炼了你的心志；感激欺骗你的人，因为他增进了你的智慧；感激中伤你的人，因为他砥砺了你了的人格；感激鞭挞你的人，因为他激发了你的斗志；感激遗弃你的人，因为他教导了你该独立；感激绊倒你的人，因为他强化了你的双腿；感激斥责你的人，因为他提醒了你的缺点。

感谢熊院长给我这个机会，能够在这个讲台上跟大家分享我成长的点滴，祝同学们学业进步、梦想成真！希望同学们永不放弃追求的脚步，志存高远，做一个伟大的人；希望你们放飞梦想，让梦想点亮人生！谢谢！

（2013 年 12 月 5 日）

二、 现场提问环节

A 同学：黄翔先生您好！我想问一下，现在政府鼓励大学生毕业之后去创业，那么，大学生应该具有一些怎样的品质或怎样的能力才适合毕业之后去创业呢？

答：我认同某电台主持人的答案，我借鉴一下这个答案来回答吧！他这样说的：第一政府鼓励大学生毕业后创业当然是对的！第二大学生有勇气去创业也是好的。但是也别忘了，创业的成功者有多少？总不能让我们所有的大学生都出去创业。事实上，创业成功的概率是很低的。当然，有勇气、有志向的人可以自己创业，但不是每一个人都要试着创业或者都想创业，也不是每一个人都有能力创业。如果不能创业或不适合创业，那就

同学现场提问

应该脚踏实地，成为社会组织的一分子。

　　当然创业是很艰难的。其实，我也面对过很多创业的诱惑，我也看到过很多创业成功的或失败的例子！

　　如果要创业的话第一要有勇气，第二要有想法，第三要有承受挫折的能力或心理准备。如果你已经做好这些准备，我觉得你可以去创业。社会还是鼓励大家挑战自己，但不是每一个人都能够和敢于挑战自己的。我不知道这样的回答好不好啊，谢谢！

　　B 同学：黄总您好，我是一名大三的学生，现在已经走上了实习的工

大三学生向黄翔先生请教

作岗位。在这个阶段中，从一个学生变成一个职员，我们会有一些不适应。请问，如何调整心态，更好地面对我们的工作岗位？谢谢！

答：其实我很佩服你们，你们走向社会所面对的压力比我和熊院长那个年代要大很多！所以呢，我真的是用一种敬佩的心情来面对你们的。你说怎么踏出走进社会的第一步，怎么走才会走得更好？我觉得就像我前面所说的：首先是要脚踏实地，无论起点高低我们都要脚踏实地。在找工作的过程中，如果能够找到自己理想的工作，那当然是很好的，就一定要珍惜，怎么去珍惜？就是我前面所讲的：第一，你要有脚踏实地的精神，以及自己对自己负责的心态；第二，要虚心学习，要有一种积极进取的心态。在工作中犯错误没有关系，这个请大家放心，因为我也在企业里面做领导，说实在话对于刚刚毕业的学生，他们犯任何错误我们都是包容的，都是可以理解的。但如果说工作五年甚至十年以后，还整天犯低级错误，那就不能理解了。你们是刚刚走入社会的人，初期的时候不要怕犯错误。在工作中只要你的出发点是好的，你自己认真地做了思考、做了准备，出了差错你也勇于承担，并能用一种自信积极的心态去面对，我相信领导一定会很欣赏你的！

其次还要和同事们保持良好的沟通。你向他们虚心学习的过程就是一个沟通的过程。可能大家在这个阶段会有一些困惑，但其实这个过程也没那么可怕，大家尽管放心，社会对大家是信任的、是包容的、是爱护的。

当然，如果有些同学大学毕业后不能马上找到一份自己心仪的工作，我想其实你要先适应和接受。现在的社会给了大家很多改变自己命运的机会，不像我们那个年代是国家包分配，要调动很难，想跳槽也不容易。但现在，应该说只要我们第一份工作做好了，在这个工作中积累一些经验和能力，我们完全有机会去寻找第二份更好的工作。我想，随着我们的能力不断地提升，不断地增强，我们一定会找到自己喜欢的工作！谢谢！

C 同学：黄总您好！我想问的是，我看到你们公司的招聘信息，要求的学历都是本科以上，那我想问我们专科生怎么办？

答：那我首先告诉你：我们每年招的专科生绝不少于本科生！我们主要是从一些有良好合作关系的专科学校招收专科生，也有很多学生主动找到我们这里来。我想专科生、本科生、研究生这些都是属于高层次的人才。但是，因为在一个企业中，可能每个职员将来所承担的作用会不一样。因为我们的招聘是面向全国的，我们就希望招聘本科以上的学生。像专科生我们在广州就很容易招到，所以，我们就没有把这些信息挂在我们单位招聘要求上。看来回去后，我要让我们人力资源部把单位招聘信息改一改才行！

黄翔董事长、熊军副院长、广东新闻广播副总监张蔚妍（第二排居中女士）、
心海榕社工中心理事梁健恒（第二排最高者）与参加本次活动志愿服务的同学合影

三、 学生征文精彩选段

2014 年 6 月广州城市职业学院龙少锋书记为本期活动征文比赛获奖同学颁奖

1. 梦想激励人生

梦想能担负起家庭重任，能让年过半百的父母安心，能让我成为一位尽职的姐姐，能把未来描绘得更好、更美。

我是一个极其普通的女生，但我的梦想一直支撑着我坚强地走下去。高三时我最好的朋友因个人原因自杀的事对我打击很大，我甚至想过不读书，但后来在梦想的支持下我坚持读书。

广州白云山现代药业有限公司董事长黄翔是一位拥有梦想并成功实现梦想的人，他始终坚持做公益回馈社会，向社会大众"献爱心、送温暖"，他的梦想支撑着他，所以他成功了。

无论是平凡人还是成功人士都有梦想在支撑着。成功人士之所以能成功，是因为他们经历了我们无法体验的事情，他们一直为了实现梦想而奋斗。

我因家庭经济问题得到了学校的帮助，我一定会好好学习，成为一位好学生，努力实现我的梦想，以此来回报学校。

梦想很伟大，它激励着人生，推动着我们更好地成长。梦想要靠我们的努力，才能实现。

——2013级公共管理系人力资源管理专业程晨

2. 有梦，如虎添翼

听了黄翔董事长的演讲后，我深受教育。人生无梦想，何来奋斗；无方向，何来前进；无信念，何来坚持。有梦想不去追逐是懦弱的，欲戴王冠，必承其重。黄董不仅鼓励我们追梦，还让我们学会感恩社会，回报社会。

同为农村孩子，我深感惭愧，因为我没有坚定的意志和决心，白白浪费了很多美好光阴。但梦想从来都不怕迟，只要有决心，我相信我也能成功。也许城里人会羡慕我们农村小孩可以满大山跑，有多姿多彩的童年；但他们不知道农村生活永远有干不完的农活，忙得晕头转向的日子，至今仍历历在目。如今，我享受着爸妈的恩惠，像城里人一样活着，反而少了更大的梦想。我觉得是时候努力了，爸妈那么辛苦让我和弟弟吃香喝辣，我又怎能不努力让他们过上更好的生活呢？

黄董建议我们：做个有思想、有深度、有进取心的人，确立正确的人生观、价值观，做个善良的追梦人。不怕别人瞧不起，就怕自己不争气，黄董以自己的切身经验诠释了这句深入我们贫苦农民心里的话。我穷，但我不怕，因为我志存高远。有梦，有理想，从我身上散发出来的就是正能量，是追梦的光环。感恩黄董的演讲，让我有了追梦的动力和决心。

——2013级城市建设工程系房地产专业阚月丽

3. 梦想的力量

梦想是人生的太阳，没梦想的人生就没了动力，每个人都需要踏着梦想的阶梯登上成功的顶峰。

梦想激励人生，梦想照亮人生。很感谢黄翔先生跟我们分享了他的个人经历及他对梦想的体会。他的精彩演说让我获益良多，让我体会到有梦想的人生才会精彩。

梦想，规划人生。大学，流金岁月，要用梦想来指引我们做好人生规划，找到梦想和现实的结合点。我会珍惜校园时光，朝着梦想出发，积极培养学习能力。生活上我会养成良好习惯，培养积极进取的阳光心态，并积极锻炼身体。

梦想，给人动力。黄翔先生贫寒的童年让他变得更加坚强和勇敢，并培养了吃苦耐劳的精神，也让他从小就确立了梦想，在梦想支撑下他坚持不懈、努力奋斗，最终获得了成功。每当我回忆起这段演说内容，心灵总会被触动。自己也是农村出生的，深知贫寒滋味，但苦难可让人变得更坚强、能吃苦、懂感恩，有梦想便能看到生活的希望。我会努力学习，工作后尽自己最大能力回报社会，不负学校的栽培。我会脚踏实地、勤勤恳恳地工作，学会与人相处，积极培养团队精神，努力实现自己的梦想。

梦想，幸福生活。生活因为有梦想，才让我们过得如此踏实，在我们追梦的过程中已构成了一幅美丽的画卷！小时候的我生活很贫寒，梦想自己长大后成为老师、空姐，梦想让我的心灵披上了幸福的光芒。梦想催促我茁壮成长，梦想让我有了人生目标和前进的方向。

梦想，是人生的希冀。做个有梦想的人，用梦想去激励我们的人生。

——2012 级财会金融系会计专业蓝利婷

生涯专家吴沙点评

为什么有些人即使努力了，也无法成功呢？套用时下流行的一句网络语来回应就是：如果你努力了还是不成功，就证明你还不够努力。黄总的成长经历更是对此最好的例证。

生命是一条永不回头的单行道。每个阶段的成功都是建立在前一个阶段的努力之上。因此，想获取成功，努力不是一时的。

第六期　将梦想付诸行动

广东省励志成长成才优秀学生典型苏达智励志人生分享会

◆ 嘉宾：苏达智　◆ 主持：古瑛（广州城市职业学院学生处副处长）

　　苏达智简介：广州市达智广告有限公司总经理，2013 年广东省"国家资助助我飞翔"励志成长成才优秀学生典型。

　　苏达智是广州城市职业学院 2007 级艺术设计系动画配音专业学生。在校期间，始终坚持严格要求自我，发奋学习、努力拼搏，克服了家庭困难等不利因素，出色地完成了学业。在校期间先后担任系团总支副书记、辅导员助理、学院电视台台长等职位，在思想品德、能力素质等方面得到了全面发展。获得学院一等奖学金 2 次，国家励志奖学金、国家奖学金各 1

次，被评为广州市优秀学生干部。

毕业后，苏达智历任广东电视台摄像师、编导，佛山电视台编导等职务。现已成立广州市达智广告有限公司，并迅速树立了品牌，站稳了脚跟，积极为其他贫困大学生提供实习和工作机会，用自己的实际行动回报国家和社会。

心理专家于东辉导读

作为一位刚从大学生成长起来的老总，苏总的故事非常接地气。他并不是一位天赋特别优质的人士，出生在一个普通的家庭，童年也没有惊天动地的事情发生，和我们每位走进校园的大学生，几乎都一样。

在人们的眼里，这样的人生似乎已经固定，找到一份稳定、收入不错的工作，安稳过一生。但他没有走这条老路，而是勇敢地选择自我创业。本来这个故事有些老套，因为现在已经有许多自我创业的大学生，所以并没有什么特别之处。但苏总的故事却有一个不同凡响之处，就是他特别地扎实，每一步都经过深思熟虑。

相信有许多比他优秀的大学生，在工作时获得不错的待遇，或者有了某些成绩之后，肯定会追求那一份稳定与舒适，放弃继续努力的方向。但他不同，一直在通向自我创业的道路上不断前行，从不放弃，而且每一步都走得特别稳，从不急躁忙乱。这一点值得每位想创业的大学生好好思考一番！

梦想激励人生第六期《将梦想付诸行动》苏达智
http://www.gcp.edu.cn/mxjlrs/06.htm

一、 嘉宾演讲实录

尊敬的龙书记，尊敬的各位领导嘉宾，以及师弟师妹们，大家下午好。我今天演讲的主题是"将梦想付诸行动"。我们在座的每个人都有梦想，小时候会梦想成为科学家、医生、飞行员等，这是大的人生梦想。但是也有一些很小的梦想，比如说，"这个学期我要拿到奖学金""这个学期我不挂科"。无论是大梦想还是小梦想，我想最重要的是行动，只有行动而不是做梦才会让梦想成真。所以今天我想和大家分享一下我为我的梦想付诸了哪些行动。

在分享前，首先，我要感谢广州城市职业学院，这是我人生中一个很重要的转折点，为什么这样说呢？因为在读大学之前我一直待在老家，从来没有来过广州，也从来没有去过其他大城市，目光相对短浅，因此没有见过什么世面。大学三年，学校提供了一流的设备、一流的师资、丰富的资源，让我学习到前沿的专业知识，开拓了眼界，并得到了不断实践、锻炼的机会。另外，特别感谢学校领导、老师、辅导员对我的包容和指教，让我大胆地为自己的想法付诸行动。即使犯了错误，他们也会善意地提醒与指正，这些对我帮助很大，让我一边行动一边思考一边改正，所以我今天回校演讲想到最多的一个词就是"感谢"。

接下来，我要和同学们分享我的成长背景。我出生在一个很普通的农村家庭，家里有父母兄弟四口人。我的母亲是位老师，正因为这样，从小我就在父母的严格要求下长大。小时候家庭条件不是很好，父母非常辛苦

嘉宾苏达智与同学们分享人生感悟

地把我们拉扯大，特别是母亲，下班后还要去农田耕作。当时我们兄弟才刚懂事，在家没人照顾，她就把我们带到田里，边干活边照看我们。我印象最深的是有一次去田里耕作时，一根铁钉把母亲的脚刺破了。大家可以想象一卜，那是怎么样的一种痛。我非常心疼母亲，这根钉子不仅刺痛了她的脚，也刺痛了我的心。但母亲坚持把活干完，因为农活分季节，即使再辛苦也要在耕作时期内把活都干完。所以从那时候开始，每次听到她提起这件事，我都看见她强忍着泪花，也是从那时候开始，我就发誓长大以后一定要让母亲、让家人过上好的生活。我的这个梦想，是从刚懂事的时候开始的，它长久以来一直陪伴着我，鼓励着我，让我迄今为止一直不断努力追求。

还有一件事也让我印象很深，小时候我会和其他小朋友打架，当然很多人都有这样的经历。每当这时母亲一定会在外人面前教训我，无论我是对还是错。有一次我实在很委屈，就问她"为什么一直以来都是我错，我到底是不是你亲生的？为什么别人的孩子是孩子，你的孩子就不是孩子，每次都要先骂我"。回到家母亲和我解释说"儿子啊，不是说别人家的孩子才是孩子，你想想如果我责骂对方的小孩，对方也会责骂你，这样的话大家就会无止境地争吵。但妈妈心里知道你没有错，我们只是为了结束争吵暂时承认一下错误，没什么大不了的"。母亲一直以来都这样教导我，这对我的成长有很大的帮助。

我7岁时开始读小学，6岁的时候就跟着母亲去学校感受上学的滋味。在小学我连续6年担任班长，这使我得到很大的锻炼，特别是增强了我的执行力，也因为班长的身份让我时刻都能严格要求自己，不断鞭策自己进步。初中时，因为学校离家里较远，我选择一周回家一次。我的伙食费是每周25元，现在算起来，也就是几年前的事。可想而知25元在当时也是非常少的，其中23元要交给学校，剩下2元作为零花钱，可以用来加菜，加一个菜是一元钱，所以可以加两天的菜。条件虽艰苦但我从不埋怨，我告诉自己这就是我现在的情况，我应该多想想怎样去改变环境，改变困境，因此我更加发愤图强。

初中三年我依旧连续做班长，每天五点半天还没亮就和几个同学起床学习。因为我想考好的高中，这有利于我考好的大学。后来我如愿以偿以较好的成绩考上了高中。当时我所在的地方有三所不错的高中，有一所为了吸引优秀学生就给录取的学生发200元奖励，这也是我第一次获得的不算奖学金的"奖学金"。

高中三年我也是担任班长，可能大家会问为什么你一直以来都担任班长，这是我一直以来的自我要求，有时候我的自制力不强，我必须自己给自己一点压力，同时也让老师和同学能不断地提醒我以身作则，所以我每次都会去竞选班长。高中的学校离家更远，所以我选择每个月回家一次，来回坐车需要两个多小时。高中时有一件事让我印象深刻，俗话说"男儿有泪不轻弹"，但那次我真的流泪了。有一次周五晚放学，父亲骑着摩托车来接我回家。当时天黑，风大雨大，非常危险，我坐在摩托车后面，即使穿了雨衣也全身湿透了，父亲也和我一样。我很羡慕路上那些坐在车里的人，羡慕他们的舒适，于是我边流泪边想，等我长大以后一定要买一辆小车不让父亲受苦。这也让我坚定决心要让父母过上好日子。

可是很多东西不是努力就能成功的，虽说我有很多梦想成真了，但也有例外。高中时我的英语不太好，因为从小在农村没有学习英语的环境。第一次高考我就因为英语成绩的原因没有考上大学，所以我当时非常沮丧，不知所措，不知道往后的人生要怎么走。那时候我们接受的观念是，只要读了大学，无论工作或生活都会很风光，仿佛镀了一层金。然而我失败了，我不知道该去哪里，想去看看外面的世界也没有钱。于是我找到两个同学一起去番禺打暑期工，那时候很流行打暑期工，如同现在做兼职。我们去了一家组装自行车的工厂，大概在帽峰山旁边。工厂不包住只包吃，收入是600元一个月，基本不够花，我就是抱着来感受生活的目的坚持下来的。我被分配到流水线工作，每天不停地作业，8小时做同样一个动作，去洗手间不能超过10分钟。反复的工作让我开始思考我的人生是不是就这样了，以后继续这样我怎么办？下班之后我无事可做，四处闲逛，看到周围工厂的工人要么打桌球，要么在超市门前看电视，要么就唱一元钱一次的卡拉OK，感觉他们每天很幸福很快乐。我没有歧视他们的意思，但我确定这不是我要的人生。某一天晚上我打电话告诉父亲我要读书，然后我选择了复读，一年之后就考上了我们学校。

大学时，我又去竞选班长了，但这一次就没有以前那么顺利了。同学们来自四面八方，我只是其中很普通的一个，而且想当班长的和有能力当班长的不止我一个。我记得当时我们是在钢琴室召开了一次班会，班里30个人，班导鼓励我们上台竞选班长。加上我一共5个人竞选，每个人都很优秀，我没有当选的把握。于是我很诚恳地说从小学到高中，我一直担任班长一职，我相信自己有充分的经验和能力，我的定位是为同学服务。后来我当选了，试用期一个月。这一个月每天上课我第一个到，拿钥匙开好教室门，帮忙设置电脑等。试用期过后，我获得了29张选票，没有投的那张就是我自己的，我还清楚地记得班导说"这29张票你一定要好好保留着，因为这是对你很好的肯定"。到现在这 29 张票我还保留着。每次想起这些，都觉得是推动我进步的动力，所有一点点动力聚在一起，就是对我最大的支持。

大学三年转眼就过去了，我毕业后第一份工作是在一家房地产公司做专业对口的影视后期制作，主要是拍广告。我常常一个人扛着机器，拿着脚架，乘公交车外出拍摄，很累很辛苦；月收入是 2 200 元左右，不高不低，个人觉得比较满意。所以，我就在那里工作了差不多一年时间。因为我的专业是影视制作，而房地产公司的主营项目不属于这行，公司从事这专业的人也很少，这也就意味着我个人专业方面的可提升空间很小，而且没有人指导，几乎全是自学。于是我提出离职，但总监和部门经理一直挽留我。一般公司总监不会轻易挽留一个普通员工，现在想想应该是我工作的态度得到了他的认可。比如我不怕辛苦，不管多热，我都自己扛着包、拿着设备出去拍摄。

辞职后，我在网上投简历，也关注各种招聘。正好广东电视台招聘两位摄像师，很多人去面试，而我很幸运地通过了。在电视台工作的第一个月我被分配做直播。虽说我是摄像师，但每天 8 个小时站在影棚里只能看着他们忙碌，不允许碰设备；演播室里面全部都是道具也不允许我坐，只能站着。那时我想到上班就害怕，现在想起来也害怕。你设想下，每天 8 个小时完全没事干只能站着是什么样的感受。坚持了一个月终于让我拿机器正式上岗，虽然我有在学校学习的基础和在房地产公司一年的工作经验，但依旧不专业，和正规电视台的专业人员不能比。半年之后我被调到外场，主要是出去拍一些照片、视频、图物等。那时候我的各方面技能都较为熟练，加上我能吃苦，同时也因为我的梦想，所以更有行动力。无论领导、同事几点打电话给我，要求我多早做什么事情，我都会尽力地做好。我觉得我还有一个很大的优点，就是准时——无论这件事我能否做好，我都会在第一时间到场，这也表现出我的工作态度及行动力。

后来我被升为编导，但始终觉得自己还有很多不足，于是边工作边学习。在电视台工作了一年多，学习了很多实操技能，也积累了很多工作经验。那时刚好广东佛山台招聘法制栏目的编导，于是我就去应聘了。我想很多人会问我，为什么在广东台做得不错却要选择去地方台。这是因为这档法制栏目是与佛山中级人民法院合作的，而我内心深处一直热衷于为人"打抱不平"，本身对法律方面有兴趣，又符合我的专业，我觉得应该去尝试一下。于是在全国只招 4 人的情况下，我通过了 3 轮的面试进入了佛山台，在那工作了两个月。我的工作是台聘的，即电视台直接和我签合同。

另外，电视台还有栏目聘请，如果栏目取消了，也就意味着失业了。再就是频道聘请，收入与频道经营的好坏相关。而我这种台聘的，工作稳定、待遇很不错，朝九晚五，相对轻松，每周完成一期节目即可。

"不安分"的我却想我的下半生是不是就在这里波澜不惊地度过了？这是我想要的人生吗？那时我已经兼职接了一些业务，收入也不错，但很多熟悉的客户是在广州的，那时我萌生了创业的想法。于是我又辞职回到广州，我不敢告诉父母也不敢回家怕不被理解。因为你辞去了不错的工作自己单干，起初是不会有人相信你的，你必须做出一些成绩。于是我顶着压力租了房子，备一台电脑，开始了创业之路。刚开始买不起机器只能去租，拍摄完就用电脑完成剪辑。很长一段时间都是白天出去拍摄，晚上做剪辑，剪到深夜两三点是常有的事。有一次是团市委的工作，这里补充说明一下，因为在学校时我与团市委合作过，他们比较信任我，这些在校经历也帮助我在创业初期获得多种客户渠道。那次他们有个视频非常重要，需通宵完成，他们主任也陪着我通宵，他在他的办公室，我在我的出租房，每隔一段时间他给我发 QQ 消息，看我有没有睡着，有没有在工作。我虽觉得辛苦，但没有后路，创业就是这样，必须要坚持。

半年之后我觉得不能只在出租房里接小单了，我应该慢慢地做大。大家都知道，办公室的租金很贵，我个人无法承受。刚好有个朋友在开公司，我问他能不能在他的公司借一个角落，我只放 2 张桌子、2 台电脑，我们各自工作，互不影响，并且我承担一部分租金，他很快就同意了。新的办公地点在芳村，我住在广园，上班单程要一个多小时，每天我坚持工作 12 个小时，虽然后来请了 2 个师弟帮忙，但他们是正常工作 8 个小时。他们下班后，我一个人还在不停地忙碌，因为我想现在的我收入不够多，也请不起人，必须要自己多下功夫多花时间。大半年后也就是去年年初，我成立了公司，经营得很不错，客户非常多。不单是广州客户，很多外地客户看过我们的拍摄作品后也会主动联系我们，所以目前已经不需要我去打电话拉客户做营销了。之所以能取得这样的成绩，我觉得首先是因为出品质量高，这是最基本的。其次就是做人做事的态度，一家公司的行动力和执行力也是客户非常看重的，这方面也恰恰是我一直以来都在锻炼的。因为有了行动力和执行力，客户自然很喜欢与我合作，口碑也传出去了。去年我们开始承接大的项目，例如拍摄富安娜床品，为了更好地沟通和拍摄，我们直接把设备调到富安娜公司总部去完成；例如帮中国邮政拍了些微电影用于介绍收藏邮票；例如去实地采访拍摄了宜兴紫砂壶……前段时间我们还去了新疆生产建设兵团做一个项目，这些都说明我们公司已经在不断地拓展业务范围，争取做到更大更强。

　　刚才龙书记提到我毕业出来工作才四年时间，真正成立公司才一年时间，怎么能够得到那么多客户的认可？我想是靠着梦想的牵引和个人的行动力。我今天想给师弟师妹一个忠告，无论你有多少梦想，如果你不去行动，那都只是一个梦，是不能够实现的。无论是小的梦想还是大的梦想，只要你一步步坚持去做、去行动，把每个小梦想都实现，其实就离大梦想不远了。刚才的分享中大家了解了我的成长背景，我就是一个普通的农村孩子，但为什么今天我能够站在这里跟大家分享，这是因为我有一个梦想，这个梦想推动着我不断向前，永不停止！

　　最后跟大家分享一个网上的段子："我每天早上醒来都会第一时间打开手机看一下胡润富豪榜，看到上面还没有我的名字，我就赶紧起床上班去！"这个可能是一个笑话，但是，我觉得这个笑话当中蕴含着深刻的意义，即推动你前进的动力就是你的梦想。今天我的演讲差不多结束了，然而我追梦的脚步没有结束，我依旧会坚持行动。

　　亲爱的师弟师妹们，我相信你们都有梦想，无论你们想做的是什么，我都希望我今天讲的内容对你们有一点点帮助。如果你们往后还会想起这个关于"将梦想付诸行动"的分享，我已经很满足了。我今天的演讲就到这里，谢谢大家。

（2014 年 6 月 25 日）

二、 现场提问环节

同学们积极互动

　　A 同学：师兄你好！我是 13 级食品系的学生，很高兴有这样一个机会在这里听你的演讲。我的问题是你曾担任过系团总支副书记、辅导员助理、学院电视台台长等学生干部，可以谈一下这些经历对你的影响吗？

　　答：好的，谢谢提问。大学三年是我人生中一个非常重要的转折点，而担任学生干部也是其中的重要环节。当时我有四个岗位的工作，每项工作我都是认真对待，并不会像有些同学那样随便应付。这些经历锻炼了我的工作能力，例如沟通协作能力、执行力、时间管理能力以及交际能力等，同时培养了我的责任感，这些都对我日后的工作有很大的帮助。在座的可能也有许多学生干部，我想说无论你担任什么岗位，首先应当做好本职工作，然后再去思考其他的事情。

　　B 同学：苏达智师兄你好！我是 13 级的学生，现在也是一名学生干部。我想请问你是如何兼顾学习、社团活动及校外兼职的所有事情呢？

　　答：好的，谢谢提问。兼顾其实是在考验你对工作及时间的把控能力，而且学习、社团活动、兼职这三者之间并不是完全脱离的，它们是相互联系、相互作用的。如果你参加社团或校外兼职，你从事的工作可以与你的专业相关，这样也促进你的专业学习。如果你是班干部，你在帮助同学的时候，你自己也会得到很多锻炼。而且你帮助了别人，别人会记得，他会感激你也会帮助你，例如协助配合你的工作让你能更好、更轻松地完成。例如我担任学生干部就有更多的机会和老师沟通，即使是开门、开电脑这样的小事也可以让我和老师慢慢熟识，学习上不懂的问题可以得到很好的

第六期活动全体成员大合影

解答。直到现在我和很多老师都保持
密切联系，工作上有不明白的地方我
还会求助专业老师，就像是亲密的朋
友那样。这些都是我很大的收获。

　　C同学：苏达智师兄，你好，我
是13级公管系的学生。你从小学到大
学一直当班长，身边应该会有很多的
朋友。我想问的是在你学习和创业过
程中，你认为朋友起到怎样的作用，
怎样才能和他们保持很好的关系呢？
谢谢。

　　答：好的，谢谢提问。刚才你问
到朋友在人生当中所起的作用对吗？
我记得有一首歌的歌词是"朋友多了
路好走"。不管你去到哪里，不管你做

活动结束后同学们争相请苏达智签名

什么事情，朋友多了肯定是对你有帮助的，这个是必然的。在校时我与同
学关系很好，也认识了很多人。朋友对我的帮助很大，无论是工作还是生
活，遇到困难，我总是会先找朋友倾诉和寻求帮助，就像很多年轻人一样比
较少向家长求助，所以朋友对我来说非常重要。

三、　现场心理环节

　　设计了"写给未来的自己的明信片"的特别环节，同学们激情满满，
给未来的自己写了一封明信片，并全场齐声宣誓："从今天起，将梦想付诸
行动！"在响彻云霄的青春呐喊声中，活动落下帷幕！

第六期明信片正面

第六期明信片反面

四、 学生征文精彩选段

心海榕社工中心心理义工谢晓敏（左一）在第 7 期活动中
为本期活动征文比赛获奖同学颁奖

每个人都有自己的梦想，然而并非每个人都能实现自己的梦想，这就是行动与否的区别。沉睡的人永远只能做梦，有行动的人则把梦变成现实，苏达智师兄的事迹就是一个很好的例子。为此，在人生的道路上想要获得成功、实现自己的梦想，就必须付诸行动。若想远航，就先扬帆起航。

——2013 级财会金融系会计专业成金彩

相信有很多的人和我一样，有创业梦想，却没有创业勇气，对创业也是只知其一而不知其二。听了师兄的创业讲座，让我对创业有了进一步了解，对自己也有了新的规划。不管将来我们是否创业，我们都是和千千万万的创业者一样，是"在路上"奔跑的人，我们都要保持那种创业的激情并将它发挥出来，发扬那种创业中吃苦耐劳的精神，学习创业中的人生哲理。

——2013 级机电工程系应用电子技术专业苟佳林

苏师兄，我有一段时间因为职业生涯规划大赛未能进入总决赛，而处于低迷期，为自己无数个日夜的付出而难过。其实现在想想那时的我不是沉陷于伤感中不能自拔，而是不想轻易地走出来，现在我懂了，"即使没有人为你鼓掌，也要优雅地谢幕，感谢自己认真的付出"。谢谢你，苏师兄，你给了我很大的精神动力，让我明白无论遇到什么事，都要乐观积极面对。

——2013 级财会金融系会计专业黄美璇

很感谢这次分享会，让我再次燃起了梦想的希望，让我明白了人不但要有梦想，而且要有实现梦想的决心。否则，就算有梦想也只能是空谈，你的梦想就只能在梦里，永远都不会实现。所以我们要学会的是让梦想与行动同行。

——2013 级财会金融系会计专业黄雪梅

踮起脚尖，伸出手，有梦就行动。

苏达智师兄给我留下了深刻的印象，不仅仅是他的荣誉和他的成就，还有他那一颗有担当的心。所以，我也要行动，行动，行动！把所有想说的话，化成行动；把所有的不甘，化成行动；把所有对父母的承诺，化成行动。向着目标，不懈追求。

——2013 级财会金融系会计专业李娜

或许在人生道路上，有坦途，也有坎坷；有欢笑，也有苦涩。但泪水告诉我们不要放弃，它使我们多了一分沉重，多了几分成熟。梦想毕竟不同于现实，成功与失败都是生活的一部分，谁也无法选择，无法抗拒。人生需要自己去行动，去拼搏，在风雨中百折不挠，勇往直前！

——2013 级应用外语系商务英语专业李思艳

梦想不付诸行动，就是缥缈的雾；然而，梦想一旦付诸行动，就会变得神圣。燕雀与鸿鹄的区别不在于谁拥有更远大的梦想，而在于谁更能努力地挥动双翅，飞出自己的一片天空。我们都知道，梦想很丰满，现实却很骨感。但是，很多时候不是现实禁锢了我们，而是我们禁锢了自己。成功的彼岸，可望也可即，只是它只属于勇敢而努力的跋涉者。

——2013 级财会金融系会计专业梁佰玲

苏师兄的分享会让我明白：上帝决定不了一个人的未来，人生好比一场游戏，而自己就是游戏的主宰。要成为一个强者，就必须努力奔跑，即使含着泪水也不能放弃。如果有一天你感觉累了，实在撑不下去了，说明你在努力地走着上坡路，那离成功也就近了。

——2013 级财会金融系会计专业谭秋娟

生涯专家吴沙点评

　　创业往往与"不安分"相关，但是又有多少人能为"不安分"买单呢？应对"不安分"，想要创业成功，这背后会有许多决定因素。有人会认为是资金，有人会认为是符合市场需求的核心产品，还有人会认为是团队等。

　　其实，除了这些，还有一个最为关键的因素，就是做自己最热爱的事情，这也是许多创业成功者总结出来的。苏总的故事很好地回应了这一点。

第七期　追梦路上不停步

中山大学女博士王玉"从大专生到博士生"风雨兼程求学路分享会

◆ 嘉宾：王玉　◆ 主持：古瑛（广州城市职业学院学生处副处长）

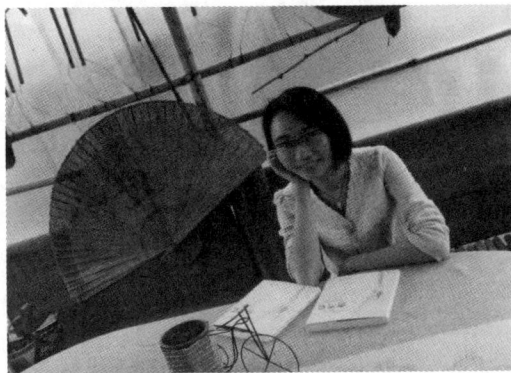

王玉简介：中共党员，2014年9月—2017年6月就读于中山大学环境工程专业，并获得了工学博士学位，目前博士后已进站。在环境领域国际顶级期刊上发表SCI论文6篇，拥有"丝光废碱液的净化回收装置"等2项国家专利。

2006年9月—2009年6月就读于广州城市职业学院环境监测与治理技术专业，在校期间连续3年获得一等奖学金，2007—2008学年获得"广州市优秀学生干部"称号；2009年9月—2011年6月专插本就读仲恺农业工程学院环境工程专业，连续获得二、三等奖学金，并获工学学士学位；2011年9月—2014年6月就读华南师范大学环境科学专业，获工学硕士学位。

心理专家于东辉导读

　　一位大专生通过自身努力学习逆袭成为中山大学的博士，这可以说是学界的一段传奇。也许对于绝大多数大专生来说，这肯定是一个难以实现的目标，但从中我们可以知道一点，这个世界上并不是没有奇迹，而是缺乏敢于想象奇迹的人！也许这个世界上并没有多少"不可能"，而是我们被固化的思维束缚了。

　　勇敢追梦，敢于想象，即使是遥不可及的梦想，也要努力去追求。

　　也许奇迹就真的出现在我们的生命中！

梦想激励人生第七期《追梦路上不停步》王玉
http://www.gcp.edu.cn/mxjlrs/07.htm

一、 嘉宾演讲实录

王玉校友主题演讲

大学不仅是基础知识的学习过程，也是为人处事能力的培养过程。2006年夏天，当我拿到高考录取通知书的时候，没能考上自己心仪的本科院校的现实的确让我不开心甚至难过，但我依然接受命运的安排，来到广州，在广州城市职业学院北校区度过了三年的大专时光。犹记得军训之后的社团招新，在满天飞的报名单、宣传单中，我意向明确地选择了院团委。经过几轮选拔最终通过院团委面试时，我非常振奋，觉得这是对自己的一种肯定。这次成功的面试给了我不小的信心和勇气，并进而开始影响我对自己对未来的想法，想要追求更多。后来，我加入了系学生会，并成为系学生会副主席。在学生会期间学习的点点滴滴，包括沟通协调能力、组织调控能力等的培养和锻炼，无不对我的现在和未来起着很大的影响，让我学会如何更好地与人相处，如何打造团队，如何更好地整合、利用各种信息和资源。

大三时，在人生的又一个重要选择路口徘徊的时候，与学院招生就业处许向晖老师一次不经意的谈话，改变了我人生的走向。那时，我在招生就业处帮忙做成人高考的报名、咨询工作。看着络绎不绝前来报考的职场人士，我问许老师，如果参加专插本，我能成功的概率有多大？许老师说："只要你努力，以你的能力，肯定不是问题。"这句话给我带来很大的动力，回宿舍后，我反复思考并上网查了资料，发现自己的竞争对手其实并不如自己想象中可怕，于是，我决定试一下，不让自己未来因不敢尝试而后悔。

备考专插本，我能坚持下来并达到自己预期的目标，主要缘于三点。第一，查资料，上广东省专插本考试网了解考纲和主要考试内容，听取前人的考试经验，打有准备的仗。第二，做好备考计划，根据自己的实际情况，合理安排复习时间，确定每科的时间比例，做好巩固复习（三遍），从细到粗再从粗到细，先通读，再搭框架，提取重要的知识，再细化理解掌握，时间比例一般是 6∶2∶2。第三，相信自己，坚持不懈。学习是学生的本职工作，如果学习都做不好，毕业之后怎么把工作做好呢？所以，我一直给自己信心，告诉自己一定可以考上，不可能考不上。作为学生干部的我，也没有因为准备考试而放弃对工作的责任，而是做好平衡"两手抓"。平时，我每天都自己待在宿舍或者图书馆复习，从早上一直到晚上；学生工作忙的时候，有时周一到周五都在开会，那么晚上和周末的时间我就抓紧时间复习。很累的时候告诉自己一定要坚持；有时感到自己可能会做不到的时候，想想一些可能得到的奖励，比如学期末有 2 000 块的奖学金在等着你，就又有动力坚持了。

考入仲恺农业工程学院开始本科阶段的学习，同时也吹响了我持续学习并向着考研进军的号角。考研阶段我的经验是坚持不懈、多练真题、积累做题经验、调整考试作答计划。考研英语更加难了，需要记 5 500 个单词，一个星期背完，每天大概记 700～800 个单词，每天用半个小时的时间去背。大家可能会想，这怎么可能会记得住呢？但是只要周而复始，每天都背，从不间断，就能全部记住。每天读 4 篇阅读理解，不断练习，甚至练到答案都会背。如果你真的用心去做，就会发现其实每次都有新的东西出来，而不是简单地记答案。每一次做题都能发现一些规律，抓住这个规律之后，你再去调整自己的考试作答计划，保证每篇阅读理解只错一两道题，积累做题的经验，在这个基础上再去提高，你就能渐渐和别人拉开距离了。

备战考研的日子很辛苦。那时我每天早上 7∶30 分起床，舍友们还在睡觉。快速洗漱、吃完早餐后，就到课室去复习；每天基本复习到晚上 11 点，因为宿舍晚上 11 点就关门了。那段时间里，跟舍友的沟通太少了，但她们依然关心我，也给我很多支持和温暖。考研的第一天，我摆了乌龙。第一天考政治，在填答案的时候，我不小心把 38 题的答案写在了 39 题的位置上，抄完之后只剩 10 分钟就要收卷了。当时我心里很着急，向监考老师反映情况，希望得到帮助。但老师说，这是你自己做出的行为，你要为自己的行为负责任，我不能给你什么建议。考完政治之后我都想放弃了，觉得自己胜算太小了，政治必须要 60 分左右才有可能考上。同学劝我："钱你都交了，不考那不是很浪费？再说你来都来了，那就继续坚持下去吧。"我想想觉得对，于是坚持考完所有科目。因为这件事情，后来我反而没有多大的压力，在做题的时候能放开，尽自己的能力去做，没有想那么多。虽然自己原本报考的华南理工大学没有考上，但也很幸运地考上了华南师范大学。现在回想，也不觉得遗憾，因为在华师学习生活得也很开心。如果当年一举考上华工，可能就没有今天这些对生活的反思和感悟。如果一定要说有什么遗憾的话，那应该是没有好好地欣赏过仲恺门前的珠江夜景吧。所以现在我偶尔会回去看看弥补一下。

硕士研究生阶段，我更注重培养分析问题、解决问题的能力。研究生的课很少，修完学分就开始做研究。研究就是你要去发现别人没有发现的东西，发现之后，在你的专业领域里去解决这个问题。怎么发现问题呢？那么就要从看专业论文开始。一篇论文里的信息量很大，因此需要看大量的参考书籍和文献。我在研二到研三的时候写了两篇文章，大概花了自己八个月的时间，也因此错过了找工作的最佳时机。毕业也就意味着要出来工作，但是因为没有把握好时机，好的工作都被别人抢了，剩下的自己又不喜欢，感觉不能满足自己的意愿。我并不是一开始就想考博士的，当时只是作为自己的一个垫底的选择。不想说工作找不到就灰溜溜地回家了，觉得很丢脸，然后想试着去考博。其实考国内的博士相对来说是比较容易

师生访谈

的，不像考研。如果说你有发表过文章的话，老师是很愿意接收你的，因为这证明了你具备科学研究素质。所以我对考博还是很有自信的，但是又不知道自己要不要考，后来我咨询了老师的意见。老师说："你为什么不考？"我说："我读完博都是大姑娘了，到时出来和一大批年轻人一起竞争，我没什么优势。"老师说："其实我个人觉得你的学习能力可以胜任的，而且你对学习很感兴趣，读了博之后，不见得没有竞争力。"在我的求学生涯中，我遇到的许多老师对我的影响都非常大，比如我非常敬佩的谭力红老师。虽然她现在已经退休了，但她每年都会坚持去一个国家做调查，去观察了解当地的一些风土人情，回来后和我们一起分享。这是我特别羡慕的，我常想等自己40岁了，也要做这样的工作。

博士面试的时候，我和导师说我的理想是当一名老师，因为老师对我的影响很大。当他们知道我有困难的时候，常常会主动打电话询问："有什么我能帮忙的吗？"就是因为这种无私的奉献让我很想成为像他们那样的人，成为一名大学老师。后来进了中大课题组，老师告诉我说："其实你是我第一个想要录取的博士生。不是因为你的文章写得好、能做研究，而是因为你有梦想，有感恩的、上进的心。"因此，说实话，目前我觉得作为一名博士研究生，最主要也是最重要的品质在于创造力，就是怎样去发现问题。

迷茫，可能是许多同学进入大学后的共同感受。其实我也一样。昨天我和我的导师说："我现在特别迷茫。我不知道以后的研究怎么走，博士读

活动现场座无虚席

四年、五年、七八年都有可能……"他说："你现在迷茫是对的。其实迷茫就是寻找问题根源的阶段，当你有一天发现了这个问题的所在的时候，你就会感觉所有的东西全部都被打开了，就像雾霾被驱散了一样。"我不能给大家承诺说我以后会怎么样，但我想说的是，明天，我依然会坚持，像今天这样努力去做。扣住今天的主题，如何寻找你的梦想？我个人总结了四点：

第一，认识自己，寻找自己的兴趣爱好。如果对自己的判断把握不准的话，可以通过老师、同学的评价去发现自己的闪光点；同时寻找自己的兴趣爱好，并在这个领域里去实践，获得一些成就感。接下来可以接受一些专业培训，比如参加学校里的一些培训营、协会，校内外的一些专业讲座等，利用这些机会去增强你的能力。大一开始做自己的职业规划，大二、大三的时间用来提高自己的职业技能，比如参加一些比赛、考证、实习等，这些有益的实践可以给自己未来求职加很多分。当然这个过程不是简单地一蹴而就的，中间可能会遇到一些困难和挫折，可能我们尽力去做了但是做不好，那么，在自己做不好的时候更要好好去思考，去调整整个计划，调整之后再回到实践中去，周而复始形成一个逐渐递进的过程，并引导你寻找到一份适合自己的工作。什么是"适合自己的工作"？我个人的看法是，这份工作是可以积累经验的，因为初出茅庐的你是新人，不可能一毕业就能做管理者，那是不太现实的，我们需要有不断向上攀登的精神。

第二，是实现自我的价值。没有成就感，遇到困难就比较难坚持，就像你没有吃饭，就没有能量，也就没办法工作一样。对自我价值的认识和肯定是我们最好的导师和最大的动力。

第三，是积极思考，踏实做事。现在的90后都是很有想法的，创造性也特别强，但有时候会缺乏脚踏实地的精神，难以沉下心来思考。我们做任何一件事都要踏实肯干，积极主动，不要等着别人催你、推你，然后才做；也不要盲目地行动，要有自己的方向，学会思考，及时做总结。在一段时间之内，及时做思考总结：最近我做了哪些事情？遇到哪些问题？为什么出现这些问题？在这过程中我是怎么做的？有什么经验或者教训？每半年或一年做一次总结回顾并思考下一步的规划，这样才能不断地往上走。坚持下去，三到五年，你可能就会积累到很多丰富的经验，甚至成为某个行业的骨干人物。

第四，就是尽自己所能，坚持不懈。对我们接到的每一个任务、每一次考验，都要有全力以赴的心，尽力才可能有机会。我觉得我之所以能走到现在，就是因为每次都坚持尽自己最大的努力去做好当下的每一件事情，没有坚持就没有我的今天。人生的道路只有两条：向前和向后，你年轻时不向前，后面就没有路了。如果缺乏动力，我建议大家把所有退路都堵死，让自己除了往前走别无他路。但是，也不建议大家一步登天，那不现实，要脚踏实地往前走。

我的演讲到此为止，非常感谢大家的聆听，也非常高兴认识你们，谢谢！

（2014 年 10 月 15 日）

活动结束后，同学们主动上前与王玉师姐交流

二、 现场心理环节

同学们踊跃向王玉师姐提问

心海榕社工中心心理专家梁健恒现场引导同学们做"写给 5 年后的自己"的心理冥想，通过想象"5 年后的我的名片"，把梦想以及梦想实现的图像更加清晰地在潜意识层面反复呈现，在潜意识中种下了梦想必定实现的信念。不受过去羁绊，扎根现在实干，相信未来必成，这就是实现梦想的旅程。

心海榕社工中心心理专家梁建恒现场引导同学们做"写给 5 年后的自己"冥想

第七期明信片正面

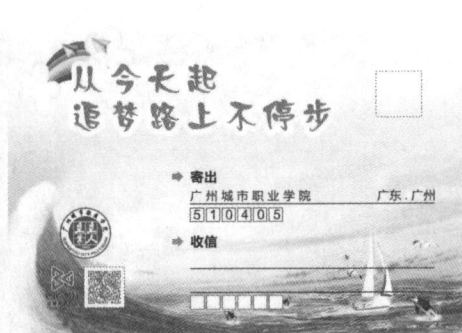

第七期明信片反面

三、 学生征文精彩选段

先说一下我个人的故事吧。高二的时候，我一心一意想要考上本科院校，每天争分夺秒，勤奋学习，像个战士一样，期望能实现自己的梦想。

广州城市职业学院学生处处长张荣烈（左一）在第 8 期活动中
为本期活动征文比赛获奖的同学颁奖

但事不如人愿，考出来的成绩离本科线还有很大的距离。当时心里固然失望，但也只能接受现实，安慰自己说，没事啊，可能去专科学校更能活学活用呢！

等待录取的日子，我去东莞做厂工，每天都是在流水线上单调乏味地工作。一个月后，我决定离开。当我跟爸爸说要回家时，他吞吞吐吐地告诉我，家里现在实在拿不出钱给我读书，爷爷中风了，妈妈有类风湿，家里还欠了外债。我知道爸爸应该是真的没办法了，因为他一直都很疼爱我，也希望我能继续读书。所以没等成绩出来，我就在叔叔的帮助下，到广州的一家物业公司做了物业助理。

原以为生活就这样了，直到有一天和同学闲聊时，她告诉我，我被广州城市职业学院录取了，还是我喜欢的酒店管理专业！我如止水的心泛起了涟漪。我把消息告诉了父母，他们都很高兴，立即去向亲戚借钱，但大家都不宽裕，无能为力。爸爸也只好劝我说，就算读了本科也可能找不到工作；妈妈说堂姐大学毕业后也没从事专业对口的工作。我不相信读书无用论，无论是什么时候，脑袋里多装些知识总是有用的；至于堂姐，每个人的人生不一样，不可简单复制。怎么解决钱的问题呢？我的计划是先工作一年，靠自己赚的钱，再踏踏实实返校读书。我没有选择助贷途径，因为我也想看看自己一年后是否依然会遵循自己的信念。所幸的是我真的做到了，实现了自己的愿望，回到了学校。

打工赚钱的那一年里，我在工作中学到了不少。每当闲下来时，我都会想想我的大学、我未来的同学，每次想完都充满动力和干劲。那一年里我没有动摇过一次，就算社会有多缤纷多彩，我也不想忘掉原先的路。虽然我的人生履历没有王玉师姐那么丰富多彩，但我也深深地知道追梦路上不停步的含义，因为当你停下来了，你可能再也没有动力了，至少那份动力会随着你的停下而慢慢消失殆尽。借用王玉师姐的一句话，明天如今天一样努力！

过年回家的时候，和小学同学聚会，他们大多都考上了本科。和他们交谈相处之间，自己能明显感到和他们的差距，而当时却说不出具体是什么。王玉师姐说，大专生和本科生的最大差别是自我管理能力。豁然开朗！本科生重在培养自我管理能力，硕士生注重提升分析与解决问题的能力，接下来，我又有目标和方向了，追梦路上不停步。

王玉师姐给我们的学习建议，都很实用。首先我们要认识自己，找到自己的闪光点和问题所在；大二的我们应该提高技能，通过考证和比赛等方式，为以后的实习打好基础；到了大三，要在工作中积累经验，找到自己喜欢的工作，实现自己的价值。不要只是为了谋生而工作，而要为了追求而不断前进。有人说这是一个浮躁的社会，因此更需要沉下心来，一步一步往前走，慢慢让自己的梦想实现。"梦想听我的，别让别人说中你的人生，你的人生在你自己手上。""发现自己的价值，做得好自然就有人知道。"这是王玉师姐赠予我们的精神礼物，更是我追梦路上的明灯。感谢师姐，伴我不断前行。

——2013 级旅游系酒店管理专业冯思

生涯专家吴沙点评

许多人很害怕走错路，更不想走弯路。但是真正走过之后，才会发现过去所定义的错路和弯路才真正成就了今天的成功路。就像王玉的故事那样，面对当初不太理想的选择，大部分人并不会像王玉那般选择不懈努力向上进取。因为走过之后，她更加清楚自己内心真实的期待。在期待的指引下，接下来要做的就是通过学习无限地去接近期待的方向，为行动注入更持久的动力。

第八期　引爆梦想核动力

**广州市诚际投资发展有限公司董事长潘伟成"从五块钱开始"
创业故事分享会**

◆ 嘉宾：潘伟成
◆ 主持：古瑛（广州城市职业学院学生处副处长）
　　　　陈鲁阳① （广东广播电视台新闻广播主持人）

潘伟成简介：广州诚际集团董事长，多家准上市公司天使投资人。拥有 15 年企业培训经验，在全球巡回演讲超过 1 000 多场，受训人数 20 多万人。积极投身慈善事业，不仅是国际狮子总会广东光明狮子会理事，还是广州慧灵智障机构执行董事。他以身作则，用实际行动来诠释"以商养善，强企富国"的伟大宗旨！真正通过商业的力量去做慈善，在帮助企业强大的同时，让中国更强！

心理专家于东辉导读

　　生命究竟需不需要激情？对于许多人来说，也许需要更多的是冷静与客观。但潘总的故事告诉我们，生活其实是需要激情的，哪怕有些不理性、不客观，也没有关系！

　　有时候，激情就像火苗，即使微小，也能点燃生活的火焰！

---

① 陈鲁阳，就职于广东广播电视台新闻广播，主持《都市生活汇》《口袋新鲜事》《阳光蘑菇屋》《一些事一些情》等栏目，曾参与《喜羊羊与灰太狼》动画、《果宝特工队》动画、《梦幻西游》动画、《钢铁小龙侠》动画、《嫁人就嫁灰太狼》动画的配音工作。

梦想激励人生第八期《引爆梦想核动力》潘伟成
http://www.gcp.edu.cn/mxjlrs/08.htm

一、 嘉宾演讲实录

陈鲁阳（右，广东广播电视台新闻广播主持人）和古瑛（左，广州城市
职业学院学生处副处长）担任本期主持人

各位老师、同学大家好！首先问在座各位一个小问题：想成功想实现
梦想的人请举手。请放下，刚才举手的人统统都不会成功。我想再请问一
下，各位觉得一个人想要成功比较容易做到还是要下定决心追求成功比较
容易做到？所以认为行动才能成功的请再次举手。（现场的观众举手）有
的人不敢举手了，刚才举手的依然还是不会成功。

各位同学，一个人要想成功，不仅要想成功，还要下定决心，更重要
的是采取实际行动，但是行动方向同样重要。假设今天的行动方向是错的，
各位会越走越远。一个人想成功，还要有好的状态、要有激情，如果一个
人没有激情、没有好的状态的话是不会成功的。成功和你的能力大小是没
有多大的关系，但是与激情和状态有很大的关系。

我们今天的主题是"引爆梦想核动力"，如果一个人没有激情、没有
状态，那么你在社会将没有地位，请问是不是？所以我送给大家一句话：
做什么就要像什么！不管别人怎么看我，重要的是我学到了什么！这才是
我觉得最重要的，听懂的请掌声鼓励一下！

记住！你以后在社会上找工作一定会面对无数的挑战，不管你遇到什
么样的困难，不管别人怎么看，最重要的是记住：学会怎么成就自己的人
生，这样才是最关键的。听说人的命运是能算得出来的，是这样吗？千万

潘伟成先生登台演讲

不要轻易相信路边算命人的话，人的命运掌握在谁的手里？举个例子，我未来想成为一位成功的企业家，制定自己梦想的时候身边会出现干扰因素，当你在很认真地看书时有人说：来来来！我们去逛逛街吧，我们去打打游戏吧，我们来闲聊一下吧。你会不知不觉被这些因素所牵引住，不知不觉被别人偷走了你的梦想。记住！你设定了你的梦想，就一定要坚持到底，不管人家怎么说你、怎么看你、怎么干扰你。

同学们，接下来跟大家分享一下我的经历。我来自农村，祖祖辈辈都是耕田种地的农民，不知道在座的各位有多少来自农村的？这么多啊！看来有共鸣。我是家里最小的孩子，家里经济条件不好，我上三年级的时候才有书包，还是妈妈用针线头做的手工书包。其他孩子带的午餐都很丰盛，而我只有一盒简单的炒饭。各位可以想象下，在那样的情景下，小孩子很容易感到自卑，所以慢慢地会不想跟外界交流。我送给大家一句话，不管你现在是谁，人生两个"不能有"：第一，不能有自卑，第二，不能有自负。为什么？我曾经听过一场演讲，有一位没有腿的院长坐着轮椅出来，一出来所有的人都吓了一跳。他的第一句话是：你们看到我的缺陷，你们的缺陷在哪里？当时这一句话让我非常震撼，他后来说不管你现在有多么的不幸，记住千万不要自卑，因为这个世界上有人比你更加的不幸；不管你现在有多么的幸运，请你不要自傲，因为这个世界上永远有人比你更加幸运。所以不管你现在的基础有多差，记住永远不要自卑，因为所有一切的自卑都可以通过你自己的努力去克服、去解决。当年我身边很多同学都考上了大学，哪怕没有考上，家庭条件比较好的，父母都让他们去继续深造了。我一个人非常失落，抱怨为什么老天会把我生在一个这样的家庭里，为什么我不能和别人一样呢？但是请问大家，抱怨能解决问题吗？抱怨就是一个毒品，越抱怨你的正能量就越微弱。抱怨等于什么？无能，因为你没有能力去解决它，所以你就选择了抱怨。请记住：不管暂时的物质条件多么的差，永远不要抱怨。来，我们竖起大拇指，对旁边的人说：你是最棒的！你是最优秀的！你是最有潜力的！多点欣赏别人、多点关注别人、多点嘉许别人、多点鼓励别人，说正面的话，给人家正能量。

我在什么时候开始改变的呢？就是在我抱怨之后，毕业之后我无意中看到由拿破仑·希尔写的一本书《成功学全集》，我印象最深的是书里说：如果你的人生永远在抱怨的话，那么你一辈子只是躺在地上，从来不会站起来。你应该从现在开始百分百地对自己的生命负责，你不能改变你的出身、不能改变你的环境，更加不能改变你的父母，你唯一可以改变的就是你自己的现在和未来。我们一味地抱怨，说父母不好，但是父母生我们养我们，已经非常辛苦了。我曾经跟父亲说想去广州打工。父亲说："你出去可以呀，但是人生地不熟怎么办呢？"我说我出去能不能给我钱，他说家里没有钱。后来他跟邻居借了 200 块，到了广州我身上只剩 100 多块，而且没有好的学历文凭。记得我最落魄的时候，一个礼拜只吃 5 块钱的饭，当时为了省 1 块钱，走 2 个小时路不坐公交车，不停地找工作。当时连固定的住所都没有，我只有一个信念，只要让我活下来，我就有希望。各位请记住，在社会纷纷扰扰的现实中，会被泼冷水，会遇到挫折，心里会感到委屈、失落、迷茫。所以人生要想成功，一定要有自己的人生导师，这位导师就是你的灯塔，没有人生导师会走很多的弯路。

在为生活打拼的过程中请记住：不能有借口，任何借口都不可以。普通的人永远都是受环境影响，成功的人永远都在影响身边的环境。比如说，你看到身边所有人都在抽烟，不知不觉你也会抽烟；你本来不去歌舞厅、不去夜总会、不去网吧，然而你身边所有的人都去，而且还拉着你去，不知不觉中你就会陷进去，这就是普通人、是一般的人、是失败者。成功的人是去影响别人，普通人是受别人影响。请问大家是想用正能量去影响别人还是受别人不好的影响？来拍拍旁边同学的肩膀说：记住，以后我们一起传播正能量。

现在是最好的年代，我们要追赶自己人生的事业，没有精力去左顾右盼。再送给大家一句话，当你看到目标的时候，你把所有的焦点都放在目标上，就会忘记一切的障碍。跟一群积极的人在一起，你就会成功得更快。在找工作的过程中，我说过一句话："学历代表你的过去，能力代表你的未来，所以过去怎样并不重要。你给我一个机会，让我进入你们公司，不需要给我开工资，三个月后我一定会超过业务能力最强的王经理。"虽然当时我不知道怎么做业务，但是我就夸下海口一定可以超越王经理。一个月之后如果我做得好，你把我留下，如果我做得不好，你可以随时把我赶走。那个经理真的很有眼光地把我留下，不到三个月我就把公司第一名的业务经理比下去了。各位，我知道自己基础不如别人、学历不如别人、出身背景不如别人。但是我唯一可以比得过别人的就是我更加坚定的信心、信念，我比任何人更努力。人家早上8点起床，我6点起床。人家晚上做到7点，我做到9点，人家做到9点，我做到12点，只有这份坚持比别人厉害。

潘志伟先生解答创业学子代表的困惑

大家都知道乔丹的身高有1米98，但在高中的时候，他的身高才1米78，当时这个身高连球队都进不了。但是乔丹下定决心，要成为全世界第一名，当时谁都觉得他是傻瓜、是疯子。但是他下定决心，一定要入队，所以，他请教练给他一个机会。他的教练看到他这么有诚心，这么有决心，于是给了他一个机会，让他给大家递纸巾、毛巾以及捡球。当别人在休息的时候，他一直在练球，当别人晚上回去休息的时候，他还在练球，直到累倒在球场。在他坚持不懈的努力下，他真的长高了，你知道那个信念，那个坚韧的决心吗？同学们你的决心在哪里？你还有梦想吗？你还在坚持你的梦想吗？一个人要想成功不是靠聪明，而是要愿意沉下心来付出，这点很重要！

人生要想成功，最重要还有一点，就是要主动出击，现在很多人会腼腆，感到不好意思。曾经的我在演讲比赛当中为了冲上讲台，我连续冲了

18 次啊！最后，被老师点了 4 次，那个老师都记得我了。同学们也要主动出击，机会永远不是等待出来的而是自己主动争取出来的。以后你们去找工作，你被人家拒绝了几次并不重要，事后不断检讨、总结，坚持到底就有成功的机会。

今天带了几本杂志送给大家，希望同学们有梦想、有决心，朝着目标全力以赴，坚持到底。不管你出身在哪、不管你曾经在哪里，重要的是你有这份追求梦想的决心。

（2015 年 6 月 10 日）

观众与嘉宾大合照

二、 现场提问环节

全场进行互动小游戏

同学：潘老师好，是这样子的，我在创业初期，我们的产品在市场上一直没有很好的反应，如何才能让别人更快地接受我们的新事物呢？

潘伟成：好的，请问你是做什么产品？

同学：一种在线印刷平台。

潘伟成：客户是谁？

同学：现在的客户主要是校内的学生，以后会推广到社会各界。

潘伟成：就是客户要到你的平台里去下订单，然后你们按着客户的要求，把产品印刷出来，是吗？

同学：是的，比如说印名片，印一些单张等，这些都包括在印刷产品中的。

潘伟成：OK，很好，他问的这个问题我刚刚初步了解了一下。首先和在座的同学们说一下，以后你们去创业，第一步是要选对行业，有时候选择不同，差别是很大的，所以懂得选择是很重要的。选择在有时候比努力更重要，比如说，你选择跟什么样的人在一起才可以提升自己，当然是选择跟优秀的人在一起，选择跟有正能量的人在一起。同样，在选行业中要选择有趋势性的行业，什么是有趋势性的行业呢？就是现在可能不是很火，未来可能会变得很火的行业。所以选有趋势性的行业，这个很重要。刚刚这位同学，你说你这个印刷平台目前是针对校内学生，对吗？

同学：对的。

潘伟成：好的，你们在推销产品时没有良好的效应可能有几个原因：首先，客户可能不太了解你的产品，那么就需要改进你的销售方式；其次，就是这个产品在校内的总市场需求并不大，加上行业之间的竞争，导致客户不多，那么就需要你在其他领域开阔市场；最后，或许你觉得校内市场是有继续发展的潜力，那么就需要你不断地改进和优化产品，使自己的产品得到客户的认可，产生品牌效应。推销产品，第一是要定位你的客户群的范围，以及客户群在哪里，就像去钓鱼，就要知道鱼是在水里的，不会在土里。第二要调研和发掘市场，找到潜在客户群。就像小水沟里是不会有大鱼的，江河、池塘里才能钓大鱼。所以你一定要选对池塘。还有你要怎么去切入客户让他认可你的产品，这点很重要。怎么让客户了解你的产品，以怎么样的方式提供给客户，这些都是你需要考虑的因素。切记，不要急功近利，目光要长远。举个例子，假设你推出了这么一个平台，然后告诉其他人，第一次在你这里印名片可以免费，请问有没有人会过来？必然会有人过来。又或者当第一个客户来的时候和他说，假如他介绍朋友、同学过来，那么他将可以免费，在这样优惠的情况下他何乐而不为呢？对于我们产品自身来说，或许眼前的盈利减少了，但是吸引了新的客户，有了新的客户群，也就扩大了自己的市场，也就是说，推销产品时你必须要有一个切入点，企业要是想长远发展就不能太看重眼前的利益，同时要考虑将来的利益。另外可以推出一个开门产品，开门产品要能让客户来体验和尝试一下。比如说，开一间新的洗车店，你挂一个横幅："新店开张，欢迎前来体验"，但客户没有前来体验洗车店的服务，那你必须想办法吸引客户。你可以换一个营销策略比如开业第一个星期，洗车只需一块钱，以此来吸引客户。创业前期可能是要付出很多的成本，但是把你所有的付出当成是你的投资成本，它未来是有收获的。你要找出你的客户在哪里，并让他们更加了解你的产品，发动更多的人跟你一起来互动，调动更多的人。我们犹太思维就是说，你要借鸡生蛋，借平台借渠道让大家多了解你这个平台和产品。怎么让大家一起来做些互动，这一点也很重要。

同学：好，谢谢！

潘伟成：好，非常感谢在座的各位同学来听我这个讲座，感谢学校老师和领导。希望同学们勇敢地追求梦想，坚持到底。祝大家心想事成，前程似锦，梦想成真！谢谢大家！

活动结束后同学们与潘伟成先生互动

三、 现场心理环节

同学们在心理老师的引导下，在"2015 我的梦想种子及养分"心理游戏页面上，纷纷写下了自己阶段性的目标和梦想，并与其他同学交换保管，适时提醒督促各自的目标完成进度。广东广播电视台新闻广播将在今年的最后一天也就是 12 月 31 日，通过微信提醒同学们："你们的目标实现了多少，离你的梦想是不是更近一步了?"同学们现场加入"微信墙"，兴高采烈地拿出自己的手机"摇一摇"，参与抽奖互动。《我的未来不是梦》高亢嘹亮的歌声适时在大礼堂里响起，似乎表达了每个人共同的心声，大家深受激励和鼓舞，现场气氛飙升到高潮，我院学子们的创业梦想核动力已经引爆!

第八期明信片正面

第八期明信片背面

四、 学生征文精彩选段

张荣烈处长、心海榕社工中心理事李维娜在第9期活动中为本期活动征文比赛获奖学生颁奖

出生在贫困家庭的我，从来没有抱怨过，因为我知道这是无法改变的事实。从小我的梦想就是当一名老师，在这条路上，无论遇到什么困难，我从来都没有放弃过。而现在我虽然上了大学，但是离我的梦想还差一大步。我也不会因此而松懈，我会一直以实际行动去追逐自己的梦想。

没有梦想的人就如无舵的船只颠颠簸簸、没有方向地航行着，永远都无法到达彼岸。潘老师曾说过："要想成为什么样的人就和什么样的人在一起。"在大学期间要结识志同道合的朋友。为了实现自己的梦想，平时我经常去老师那请教知识，只有以实际行动才能实现自己的梦想。而在追求梦想的路途中，难免会经受一些挫折和失败，但没有多次的失败哪来的成功呢？古人云："失败乃成功之母。"我要让自己变得更强大，才能改变自己的命运。

——2014级公共管理系文秘专业黎春怡

曾经的梦，便是大学梦，为了这个遥远的梦想，我们十年寒窗磨一剑，栉风沐雨一同走过，当到达大学，我的梦想实现了。于是，我又有了新的梦想，并且我将继续为梦想奋斗，为的是下一个梦想的实现。其间，可能会有迷茫和彷徨，但我绝不会停下脚步。因为，我在筑梦路上。

在生活中，我总希望成功伴着快乐，但是路途是艰苦的，也只有经历过磨砺的人生才会拥有更多内涵。没有度过寒冬不知春的温暖，没有走过沙漠不知水的甘甜，没有经历过失败不知成功的喜悦。年少轻狂，我们会失败，但正是青春给了我们勇往直前的资本，只要我们走好脚下的路，我们终会取得胜利。

——2013级商贸系市场营销专业林成欢

人的一生不能自卑与自负，当听到这个时，我不断地点头。因为自卑就容易产生抱怨，抱怨环境、抱怨不公，但抱怨就等于无能；无能，能解决问题吗？仍记得作为新生来报道的那天，我10点多到达学校，各种陌生、各种匆忙、各种焦急。最后被告知本班的学生宿舍已经住满了，只能单独跟大三的师姐住，那时我就开始抱怨跟师姐的课程不一样所造成的麻烦。熟悉了之后又抱怨宿舍里没有学习氛围，却没有想过自己应该如何去克服这些困难，这是不对的。说到自负，人一旦有了它，可能就容易忘本，忘记初衷。曾经有人跟我说过，好好享受大学带给你的各种人生精彩，但要记得千万不要因为哪件事情成功了就觉得很了不起。我努力记着，不抱怨，不自卑，不自负。

——2014级应用外语系商务日语专业罗晓丽

路，是如何的呢？每个人一辈子都在追寻着属于自己的路，那条路完全由你自己主宰，谁也无法代替你走。今天这两个小时的演讲让我受益匪浅，潘老师的成长经历激发多少学子的梦想。

潘老师说，普通的人永远在受环境的影响，而成功的人永远在影响别人。那么，你是想当个普通的人还是成功的人呢？对于我，我想当个成功的人，因为我想用正能量去影响别人。今天的自己是怎么样的不重要，重要的是明天你成为怎么样的人，而且不要忘了自己奋斗的初衷是什么。勿忘初衷，才能渐行渐远。

——2014级应用外语系商务英语专业许慈燕

生涯专家吴沙点评

对于大多数人来说，成功和梦想仅仅是一句口号。所有的成功都不是偶然的，都需要你有强大的动力和付出超出常人的努力。而这种源源不断的动力正来自于你的激情。潘总的故事告诉我们：当你有了让你有激情的想法，你就需要用行动去尝试，这也许就是你梦想开始或成功的地方。

第九期　坚守梦想不动摇

"中国 2014 年度十大知名赛车手"陈锦荣追梦历程分享会

◆ 嘉宾：陈锦荣　◆ 主持：李华（广州城市职业学院艺术设计系副主任）

陈锦荣简介：中国 2014 年度十大知名赛车手、2015 年广东卫视《炫风车手》节目最佳人气车手、广东省英德市政协委员。

16 岁参加全国卡丁车公开赛获得两个分站季军、年度第五，并先后获得 Polo 杯珠海站季军、康巴斯方程式珠海站亚军、1800cc 房车珠海站冠军、2000cc 房车珠海站亚军。2013 年正式成为澳门凯飞方程式车队签约车手，代表车队出战 2014 亚洲雷诺方程式全年赛事，取得 2 冠 1 亚 2 季。获得风云精英赛季军（2.0T 组别），澳门格兰披治大赛中国车手杯冠军，风云赛 NA2.0 组别个人冠军和车队冠军，乐加速赛全年 4 回合取得 2 冠 1 季。中国改装协会总会授予"中国 2014 年度十大知名赛车手"大奖。2015 年参加广东卫视《炫风车手》节目，加入周勇战队。

 心理专家于东辉导读

一个农村孩子与高大上的赛车手，究竟会有多长的距离，这恐怕是一个难以回答的问题。但这段距离绝对会很长很长，更何况这个赛车手拥有 74 个奖杯与无数耀眼的荣誉。

陈锦荣的故事，无疑为这个问题，给出了一个令人信服的答案。虽然他将成功的秘诀归功于"坚守梦想不动摇"，但我们知道在这句话的后面，其实要付出无数的努力。

人有梦想并不是什么特别的事情，几乎每个人都会有梦想，但坚守自己的梦想，却并不容易，也许最难得的事情，就是在于"坚守"！这才是陈锦荣成功的奥秘所在！

梦想激励人生第九期《坚守梦想不动摇》陈锦荣
http://www.gcp.edu.cn/mxjlrs/09.htm

一、 分享会访谈实录

李华（左，广州城市职业学院艺术设计系副主任）担任本期主持人

主持人：陈先生刚才在教学楼门口已经为大家带来了一场激动人心的表演，大家是不是觉得特别过瘾呢？现在更让我们惊叹的是面前这个茶几上摆的满满一桌子金灿灿的奖杯。每一座奖杯都是付出了很多的心血，我想请问一下陈先生，您是不是把您家里所有的宝贝奖杯都拿出来了？

陈锦荣：不是。

主持人：竟然不是？

陈锦荣：在我赛车的这 18 年里，一共拿到了 74 个奖杯。

陈锦荣先生获得的奖杯

主持人：74个奖杯！真的很棒，因为在我们眼前的这些，已经摆满了整个茶几，特别震撼。那么我想请问您，在这么多奖杯之中，有没有哪一座奖杯对您来说是非常有意义并开启您的赛车人生之路的？

陈锦荣：其实大家看到的这些奖杯，都是我赛车人生之路关键时刻的印证，我第一个奖杯是在十六岁的时候拿到的（举起Polo杯珠海分站时拿到的冠军奖杯）。

主持人：十六岁？是这一座吗？

陈锦荣：是的，它已经有很长的历史了，所以这个奖杯上的字都有些模糊。这是我第一次参加Polo杯珠海分站拿到的冠军奖杯。

主持人：陈先生，您在十六岁的时候就已经获得了奖杯真不容易。您是从什么时候开始接触赛车的呢？

陈锦荣：我第一次接触汽车是在我十二岁的时候。

主持人：十二岁的时候第一次接触汽车？

陈锦荣：对。

主持人：您当时对它有什么样的感觉？

陈锦荣：我觉得汽车是会说话的，它能够和我交流。我很喜欢坐在车里，摸着方向盘跟汽车沟通。以前我爸妈看到我这样说我是个疯子。我说，是你们不懂，汽车和我说话用的就是它每一个机械零件。它整体协调不协调，它会给我反应，然后我就能知道它正不正常，它的状态在不在巅峰。这是它（汽车）能够告诉我的。

从我第一次接触汽车开始，我就已经可以被称为骨灰级的车迷了。汽车从一开始就留在我的脑海里，印在我的心里，怎么都赶不走它。一直到1997年，我十七八岁时，发生了一次很严重的事故，当时的我在医院里躺了三个月。出院之后继续做物理治疗，持续了八个月的时间。需要物理治疗是因为当时的事故非常严重，身上的石膏是从腰一直打到脚底。

主持人：这么严重？那您会不会觉得自己都快崩溃了？赛车梦想离自己已经非常遥远了，您当时有没想过放弃呢？

陈锦荣：有想过放弃，可能没经历过的人是不会明白那种心情的。当时出院之后我就一直待在家里做物理治疗，如果有人在我身边的时候，我就不会好好地做复健。但当我一个人独处，我就会小心翼翼地起来学走路。一开始是在沙发旁边，利用沙发的弹力，把自己往前弹就刚好可以抓住门的把手站起来，之后就慢慢地一步步前进，用力把膝关节活动开来。大概用了五六个月的时间，我就已经可以慢慢地走路了，但还不能做剧烈运动，比如跑步，一跑步就会摔倒，因为腿部协调性还不够，不能像大家那样随意运动。所以那年学校的校运会田径之类的项目，我都没有参加，心里很清楚自己参加不了。

主持人：您遭遇了人生中一个重大的低谷，但是依然这么坚强地站起来，去抓住您那个梦想，并一直坚持了下来。

（观众响起了掌声）

主持人：在我印象中，做赛车手一定要有很深厚的经济基础作支撑。我有一个很八卦的小问题想问一下，您是否有一个很富有的爸爸在您背后支持着您呢？

陈锦荣：其实我的家庭并不富裕，我是在从化一个果园里出生的，是大家口中那群"农村里的孩子"。在我小的时候，我的爸爸妈妈每天早出晚归，我起床时他们已经出去工作了，到了晚上我休息了他们才回家，所以我很少见到他们，甚至可以说，我是被"寄养"的——因为他们需要出去工作，所以经常把我寄养在亲戚、朋友的家里。

主持人：我们可以想象到，在那样的一个环境下长大的您，更能够磨炼坚强的意志力。我们很多同学都认为赛车应该是需要一位贵人点拨的，或者说需要一位能够识别您这匹"千里马"的伯乐，那么您才能站在今天这么高的荣誉上。是否会有这样一位伯乐在推动着您的发展呢？

陈锦荣：是有那么一个人。我接触的第一种赛车是卡丁车。我第一次遇见卡丁车是在东郊公园，也就是现在的天河公园。我在那试了一次赛车之后，就开始不断地把自己的早餐钱节省下来，去天河公园试车，之后只要有比赛我就去参加，同时请求香港的亲戚、朋友帮我寄一些关于赛车的

主持人与嘉宾访谈

杂志回来。在十五岁的时候，我遇到了那位伯乐，后来他也成为我赛车生涯的启蒙老师，我们都喜欢叫他明哥，他被赛车界称为"卡丁车之父"。他当时看见我对赛车痴迷的样子，就问我有没有兴趣去参加卡丁车全国公开赛。我当时就答应了下来，我说只要您给我一台车我就能参加。那是我的第一场卡丁车比赛，获得了第四名。

主持人：您那个时候才十五六岁，会不会有赞助商支持您呢？就像您今天带过来的战服，大家可以看到衣服上有很多 Logo，这些都是赞助商的商标，当时您是否有赞助呢？

陈锦荣：在那一场比赛之后，明哥给我拉了两个赞助。一个是生产卡丁车车架的公司，另一个是埃索发动机油，都是以产品加现金的方式进行赞助。

主持人：十六岁就参加了全国公开赛，这一件就是当年卡丁车的赛车服，您能不能给大家展示一下？

（陈锦荣举起赛车服）

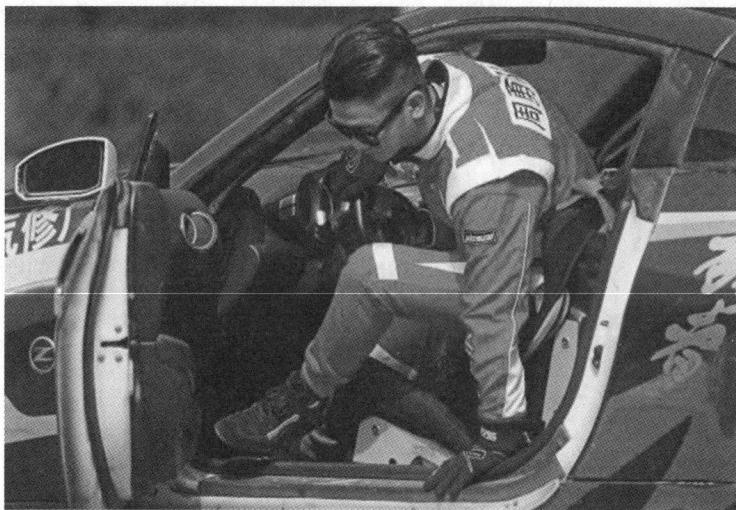

陈锦荣身穿赛车服

主持人：非常酷、非常帅的赛车服！虽然这个的赞助不算多，但是尤为珍贵，是历史的见证。我想请问一下，您获得赞助最多的时候，您的赛车服上会贴满标志吗？

陈锦荣：我获得赞助最多的时候标志贴到膝盖这里。

主持人：我认为如果赛车手遇到这样的问题肯定会很受打击。比如说我的成绩明明很好，而您的成绩明显不如我，但我们一起去参加比赛时，您得到的赞助却比我多得多。遇到这种情况是一个很大的打击，那么您在遇到这种问题时，会不会因为受到打击过大从而产生人格分裂或是双重人格呢？

陈锦荣：我没有双重人格，但我经历过这样的打击。记得有一次我拿到了冠军，虽然有了奖金，但我们的经费还是很紧张的，而当时一起参加比赛的其他赛车手虽然没有拿奖，却也可以赛得很潇洒，完全不需要担心经费的问题。比如，别人吃饭是叫五个菜，而我们只能吃三个菜；别人住五星级酒店，而我们是住七天。后来我想通了，我也不会去纠结这个问题。我有个习惯，就是会检讨自己。每晚睡前，我都会把当天我见过的人、说过的话重新梳理一遍。为什么商家会赞助他而不赞助我？原因在哪里？我会从自身找原因，然后再去改善，之后不管谁得到了赞助，我的心态都是积极的。

主持人：陈先生这番掏心窝的话，送给我们在座的各位大学生，让大家反思一下。与其怨天尤人，不如把自己的内功修炼好，让自己发光发热，再去获得别人的尊重和欣赏！所以我希望在座的每一位，都能填充自己的正能量并且实现自己的梦想。陈先生，我还想问您，我看到您脖子上挂着一串很特殊的项链，这是装饰品还是普通的钥匙呢？

陈锦荣：其实这个不是装饰品。

主持人：给大家看一下这是什么可以吗？

（陈锦荣展示项链）

陈锦荣：这是到目前为止我最珍惜的第二个奖项。第一个是2014年度中国改装协会总会给我颁发的"中国2014年度十大知名赛车手"。虽然这个奖项没有多大，但这是总会对我的认可，我非常感谢总会。这个金钥匙，是我参加一个电视节目获得的，这个节目是今年广东卫视举办的《炫风车手》。因为我一直都坚持追梦，所以只要我觉得这是正能量的追梦途径，我都会毫不犹豫去参加。非常荣幸，我加入了周勇的战队，在刚刚大家看到的短片里，有刘涛、林志颖、李泉，还有我们的队长周勇。这个节目现在还在播出，广东卫视每周五晚9:10。如果大家有时间，并且对赛车有兴趣，可以关注一下。

主持人：非常感谢，我没想到这个金钥匙原来隐藏了这么重要的寓意。我知道陈先生您是涉猎很多方面的，包括您多次说到的卡丁车、房车、F3。

陈锦荣：对！方程式。今年主要是录制《炫风车手》节目，所以很少参加比赛。如果时间没冲突的话，今年年底方程式的收官站、莱迪赛和跨年赛我都会去参加。我现在正在协调时间上的问题。

主持人：这么多年过去了，您收获了这么多经验，得到了这么多荣誉。

那么如果再有一个 18 年，您是否还会站在赛车的车道上，坚守您的梦想呢？

陈锦荣：一定会的。

（2015 年 10 月 21 日）

二、 现场提问环节

学生代表上台与嘉宾互动

主持人：那么今天，我们邀请了机电系和艺术系的两位同学，作为学生代表给陈先生送上礼物。这位是机电系的学生，说说这个礼物是什么。

A 同学：这个手持检测仪是我们机电系去年参加挑战杯的作品。

陈锦荣：谢谢！

A 同学：我代表所有机电系的学生，将这个礼物送给您，希望您能收下。

陈锦荣：谢谢！

主持人：我们还有一位学生是艺术系的，来自网络新闻与编辑专业的学生，其实这位学生早就认识陈先生了。

陈锦荣：老熟人了。

主持人：因为在国庆期间，这位学生参与陈先生在深圳的中亚车展漂移特技表演，还跟着陈先生奋战了三天三夜！我知道陈先生给你灌输了很多人生理念，让你受益匪浅。现在请你把礼物送给陈先生。我知道这是一盘非常漂亮的 CD，但是这个 CD 蕴含了什么意义呢？

B 同学：嗯，今天很高兴能在这里与荣哥重逢，也很荣幸国庆时能和荣哥共事。这个礼物展现了网络新闻与编辑专业师生微信推广、平面设计、影视拍摄和后期剪辑等多项技能，里面主要的内容都是您，有我们这几天给您拍的视频，也有国庆为您拍的视频、海报，以及微信推文。祝您在追梦路上越走越远！

陈锦荣：谢谢！

主持人：好的，两位同学请坐。我知道你们两位同学都是有备而来的，我们知道机电系有汽车专业，而我们陈先生就是这个专业的。

陈锦荣：对，我就是汽车专业的。

A 同学：陈先生您接触方程式赛车，应该更多的是接触到汽车后市场吧？

陈锦荣：后市场我会接触到，你直接问吧。

A 同学：我想请问一下，我们这个专业在汽车后市场发展趋势是怎样的呢？

陈锦荣：首先我要清楚你的专业。

A 同学：我的专业是汽车检测与维修技术。

陈锦荣：这是一个很好的专业，不管现在还是以后，无论在什么国家，都是有很大发展前景的。就说中国吧，中国的汽车保有量是非常高的，在全世界名列前位。只要有汽车的存在，就会有故障的发生。未来都是往高科技方向发展了，以后每一颗螺丝的检查都是靠你们这样的高科技人才。这个市场不需要我说，你们也可以看到这个市场的未来。

A 同学：陈先生，请问您开车开了那么久，如果让您说出汽车的一个缺点，您觉得是什么？

陈锦荣：在我心里汽车没有缺点，只是每一种汽车的用途不同。不管什么汽车，它只要放到适合它的应用场地，它就是最好的。就比如你们读完任何一个专业，把那个专业的所有精华都浓缩了之后，在那个领域你就是精英了。

A 同学：那陈先生您的意思是说，如果能将汽车改进到既可以在公路上使用，又可以在越野赛道上使用，那这样的汽车就是完美的？

陈锦荣：不是。

A 同学：为什么？

陈锦荣：知人善用！就比如你不能跑五公里，就算拿枪指着你，你也做不到。如果把一台法拉利拿去当越野使用，你会觉得这台法拉利没有任何优点。让你把路虎当法拉利开，行吗？肯定不行的呀，车就是要用对地方。就像我们的汽车改装，为什么我们要改装？因为很好的越野设备或功能，在我们竞技比赛里面是不适合的，所以我们要把它改掉，将电脑重新编程再使用，懂吗？

A 同学：好的。那就是说，汽车也要物尽其才！

陈锦荣：对，因为是人生产汽车，不是汽车生产人。

A 同学：就是说，人要正确地使用汽车。

陈锦荣：没错。

A 同学：好，谢谢陈先生。

主持人：你知道吗？陈先生可以做你们的师傅。因为他本人就是个改装达人，他对车的性能、结构了如指掌。其实我很好奇，您都获得那么多荣誉了，为什么还要花时间去做改装呢？其实我想完全没有必要吧？

陈锦荣：非常有必要。

主持人：非常有必要？为什么？

陈锦荣：因为我跟它（汽车）是战友。

主持人：战友的关系？

陈锦荣：对！如果我不了解这台车的工作原理，那我不可能把它开得很好。或许可以开得很快，但这车的寿命也会变得很短。比如我跟你的经济水平是相当的，我们用同样的车，你可能不懂这些理论，但我懂。当我了解了这台车之后，我可能每一圈会比你快 0.5 秒，一个比赛下来你就被我抛离了半圈。因为赛车是以 0.01 秒计算的。你可能在每一个转弯之前晚刹车一点，这里就 0.01 秒，如果有很多个转弯，每一个弯积累下来，我就快了半秒。一直这样下来我就把你抛离了。

主持人：所以一个优秀的赛车手，不但要技术好，还应该懂车。

陈锦荣：其实这是必需的。

主持人：大家应该把更多的掌声送给陈先生，非常了不起。

（观众响起掌声）

B 同学：您觉得成为一个像您一样的成功人士必须具备什么样的品质？

陈锦荣：首先我要说明，我还不算一个成功人士。

主持人：太谦虚了。

陈锦荣：没有，因为我还在努力的路上。但是我个人认为有一些基本条件，比如学会反思，这是最基本的。如果你不会在自身找缺点的话，你永远都不会进步。就像我妈妈以前总说："你怎么老是考这么低分？"这种时候我会沉默，但我心里会把自己和优秀的人做对比。为什么他能拿 100 分，而我拿不到？这时我会反思自己。

不管是现在或将来，你从事什么行业，在这个社会是否有成就，一个人首先要立品。人如果没有品格，那么他很难在这个社会立足下去，因为没有人会尊重他。如果你有了品格之后，你将会有新的发展。有时候，我会跟我的徒弟讲，先别着急学赛车，你们要想明白为什么来跟我学赛车，为什么你的父母要支付那么高的学费送你们来学赛车？因为这不是他们（父母）的义务。我刚刚也说过，父母生你们出来，已经尽了义务了。他们在尽自己最大的能力，为你铺一条他们认为是对的、对你有帮助的路，但以后会怎样，谁都不知道，这要靠你自己。所以我觉得这两点很重要，一个是学会反思，一个就是立品。

主持人：好，谢谢陈先生，也非常感谢两位同学来到现场跟陈先生进行互动。

三、 现场心理环节

第九期明信片

主持人：今天是重阳节，您的妈妈也来到现场了是吗？台下的陈妈妈您知道吗，刚才陈先生在后台就问我，能不能把同学送给自己的礼物送给心爱的人？我问是谁啊，他说是他妈妈。我觉得我们应该给陈先生掌声。陈妈妈，您的儿子这么孝顺，您应该非常高兴。请上台来接受这份珍贵的礼物。

（陈妈妈上台）

主持人：陈妈妈，我很想知道，您儿子这么痴迷赛车，您是否支持？在他小的时候，他就为车痴迷，那个时候您支持他吗？

陈妈妈：各位领导，各位来宾，今天很高兴能够参加这个分享会，你们在百忙之中还愿意抽出时间来听陈锦荣的追梦历程是我们的荣幸。我希望年青一代要坚持实现自己的梦想，陈锦荣是一个很善良的人，这也是为什么直到今天我都会默默支持他的原因。我个人认为梦想是每一个人都有的，如果你不去实现它，那么就浪费了。也希望家长们能够多花点时间跟小孩子沟通，多花点时间支持他，相信他一定会成功的！多谢大家！

陈锦荣与母亲深情拥抱

主持人：好感人啊！谢谢陈妈妈，祝您重阳节快乐，希望您越来越年轻，谢谢您。其实陈先生刚才都有些控制不住流下感恩的泪水了，我看到眼眶都红了，确实是很感动。今天是重阳节，我建议在座的各位同学，会后给你们的爸妈打个电话好吗？

分享会到此结束了，再次感谢陈锦荣先生给我们上了一堂宝贵的励志课程。

嘉宾与观众大合照

四、 学生征文精彩选段

心海榕社工中心理事梁俭仪在第 10 期活动中为本期活动征文比赛获奖同学颁奖

我曾经有过无数美好的梦想，但它们都随着我的成长而逐渐被淡忘掉。渐渐地，我长大了，我的知识面越来越广，梦想也越来越多。

实现梦想，前提就是要好好读书。陈锦荣先生虽然在追梦过程中遇到了很多困难，但他都没有放弃过他的梦想。人生应该积极点，一个成功的人是没有借口的。与其怨天尤人，不如充实自己，让自己变成金子，到哪里都会发光。陈锦荣先生用 18 年向我们证明了他自己，让收获正能量的我们相信，风雨后的彩虹会发出绚烂的光彩。

从小到大，梦想不停变化。每当梦想改变时，就说明我们的知识增加了，思想进步了，对社会的理解也改变了。但记住，我们追寻梦想的脚步，永远都不能停止！

——2015 级商贸系物流管理专业伍少芳

陈锦荣一直坚守着那美丽的赛车梦想，并为这梦想付出无法计量的艰辛，最终他的努力换来今天的成功。我从他的身上看到了两个字"坚守"。是啊，贵在坚持，他一直坚持着自己的梦想，用梦想支撑着自己、激励着自己向前迈步，一路上，不管多么艰难，他都不曾放弃过，这无疑是值得我们尊敬的。

回首自己走过的路，还记得每一个梦想带来的悸动，在生命中留下了怎样的足迹吗？人们常说，有志者，事竟成；还有人说，最贫的是无才，最贱的是无志。由此可见立志的重要性。我们志当存高远，用梦想激励我们的人生！

心动不如行动，努力永远不会太迟！做一件事情，只要开始行动就已经成功了一半。人都有惰性，很多人半途而废，功亏一篑，这就是没有坚持住的后果；人生贵在坚持，坚持自己的梦想，让自己勇往直前。

——2015 级商贸系市场营销专业邓文康

点滴梦想成就精彩人生，小小的坚持可以收获大大的幸福。"坚持梦想不动摇"，我依稀记得陈锦荣先生说过无论身处何种逆境都要学会挣扎着站起来，为了梦想，我们要学会坚持，Never give up！正如陈锦荣先生所言，抱怨是无用功，努力去做吧，将理想付诸行动。

风雨之后见彩虹，陈锦荣先生用他 18 年的漫长追梦路向我们证明了有梦想、有努力、有坚持将会得到意想不到的回报，也让我收获到了满满的正能量。他的分享会上唤醒了我深藏内心的梦想，我知道理想和现实之间有一道不可逾越的鸿沟，我试图挤过那条窄窄的独木桥。我也曾经怀疑过自己，但是现在我更加坚定了信念，正能量满满的我正为了我的专升本和英语考级时刻努力着。

"Nothing is impossible"，这是那些成功人士的共识，在这里我也把这句话送给大家。在这个世界上没有什么是不可能的！当你真正地认认真真地去做一件事情的时候，你就会真真正正地体会到了，所有的一切都源于两个字"坚持"！

——2014 级信息技术系计算机应用技术专业臧淑雅

生涯专家吴沙点评

　　梦想从来都不是凭空想象或突如其来的，它需要太多现实的考虑。因为一个人不可能会喜欢自己没有见过的事情，但是这些没有见过的事情却可能是最适合自己的。陈锦荣先生的故事，立论于坚持。在谈坚持以前，我们一定要有机会尝试，只有尝试才能评估是否适合自己。接下来，能坚持下来，有两个前提至关重要：一是能做好这件事情，二是做好这件事定能给自己带来期待的价值。

第十期　因梦想成就冠军

国家级跳水教练胡恩勇及其世界冠军弟子
余卓成、孙淑伟夺冠历程分享会

◆ 嘉宾：胡恩勇、余卓成、孙淑伟
◆ 主持：陈鲁阳（广东广播电视台新闻广播主持人）

胡恩勇简介：国家级跳水教练，1989—1990 年、1992—2000 年、2002—2011 年担任国家跳水队教练员职务，2004、2008 年奥运会跳水比赛教练。共培养了 10 名世界冠军，其中包括 4 名奥运冠军，有"造星教练"之称。多年来为中国体育事业做出突出贡献，共荣获中国体育界最高级别荣誉"国家体育荣誉奖章"13 枚。享受国务院特殊津贴，多次荣获广东省委、省政府授予的一等功荣誉称号，广东省政协第七届、第八届委员会政协委员，1992 年"广东省优秀中青年专家"，1993 年"广州市第三届十佳青年"。

余卓成简介：最年轻的 3 米板跳水世界冠军，中国首个世锦赛男子跳板冠军，目前世界上唯一一个包揽世锦赛和世界杯男子跳板全部 6 枚金牌的运动员。1993 年第八届世界杯跳水赛个人冠军、双人冠军，1994 年第七届世界游泳锦标赛跳水冠军，1995 年亚特兰大世界杯跳水赛个人冠军、团体冠军，1995 年第九届世界杯跳水赛个人冠军、团体冠军、混合团体冠军，1996 年第四十一届国际跳水大奖赛冠军，1996 年第二十六届奥运会亚军，1998 年澳大利亚世界游泳锦标赛跳

水个人冠军、双人冠军，1999 年第十一届世界杯跳水赛双人冠军、混合团体冠军。

孙淑伟简介：15 岁获 1991 年第七届世界杯跳水赛跳台冠军，第六届世界游泳锦标赛跳台冠军，中国男子跳水世锦赛首金，世界最年轻的跳台冠军；16 岁获 1992 年第二十五届奥运会 10 米跳台冠军。至今仍是中国体育界最年轻的男子奥运冠军。1991 年被评为世界最佳男子跳台跳水运动员，成为《游泳世界》杂志历年来选出的最年轻的男子最佳运动员。

心理专家于东辉导读

　　如果一个男人身高 1 米 83，当然是一件好事，或许会赢得不少异性的关注。但对一位跳水运动员来说，这样的身高自然就成为一个死穴。所以，作为运动员的胡恩勇，成绩平平就不难理解了。对于许多人来说，遇到这种情况肯定会放弃自己的体育人生，但胡恩勇却不同，华丽转身成为一位非常优秀的教练。

　　即使因为身体原因，上天没有给我成功的机会，我也要努力创造这种成功！于是，他努力让一位位弟子，成为闪亮的世界冠军。胡恩勇的故事，可以给我们一个启示：即使自己做不到成功，也可以换个角度、换个方式实现梦想！

一、 嘉宾演讲实录

陈鲁阳（广东广播电视台新闻广播主持人）担任本期主持人

各位尊敬的领导、老师、同学们，晚上好！各位久等了，今天是"梦想激励人生"第十期活动，我跟"十"太有缘分了！我出生的时候，家里门牌号码就是十号，我的生日是十月十日，担任教练以来培养了十位世界冠军，也希望同学们有十全十美的人生。大家在此之前已经对今天的主题有所了解，下面正式开始今天的分享活动。

今天很高兴能来到这里跟同学们进行交流。请同学们看这三套礼服，第一套是 1990 年北京亚运会的礼服，第二套是 2008 年北京奥运会的礼服，第三套是 2010 年广州亚运会的礼服。这三套服装映射出中国 20 年来举办的三届综合性运动会的发展历程。另外这三套称为领奖服，是运动员站上领奖台的时候，必定要穿的服装。同学们现在看到上面的签名，就是我离开国家队时教练、运动员的签名，大家能够看到郭晶晶、田亮的签名。

我的家乡在广东汕头，2001 年的全运会在广东举办，当时每个来到汕头的教练、运动员，我都邀请他们到家里，用潮汕的待客方式邀请大家喝一杯清茶，喝完茶之后请每个人在家里头这面墙上签名。现在上面签了两百多个人的名字，这只是其中的一小部分，包括郭晶晶、田亮、周继红等运动员都留下了签名。下面向大家展示国家级的奖章——国家体育荣誉奖章，它整个奖牌的形状是模仿北京奥运会的金镶玉奖牌设计的，当时给我颁这个奖章的就是咱们的习主席。

我在二十一岁的时候就坚信：没有谁比我更好，我永远名列前茅。我

嘉宾展示三套 2010 年广州亚运会礼服

们国家的第一块奥运金牌、世锦赛上五块金牌都是我培养的学生拿到的。在我的教练生涯里总共培养了十位世界冠军，这十名里头有四位奥运冠军。我在广东队、国家队执教期间，带出了全国冠军、全运会冠军、亚运会冠军、世界杯冠军、世锦赛冠军。培养的学生至今仍然保留着世界上最年轻的男子跳板和男子跳台世界冠军的称号，一个是卓成，另一个是淑伟。卓成十八岁时获得世锦赛的冠军；跳水项目的代表运动员是淑伟，他十三岁获得全国锦标赛冠军，十四岁获得亚运会冠军，十五岁获得世界杯、世锦赛冠军，十六岁获得奥运会冠军，把世界上所有冠军全部都拿遍了。

　　我十一岁离开家乡来到广州，进入广东运动员队。小的时候我练的是体操，训练环境很艰苦，训练场地全部是泥沙，老师带着我们把泥沙填成场地，然后在那里训练。我的运动基础、对体育精神的领悟、我的人生就是在这样一个有着无私情怀、超强思想力和行动力的恩师带领之下，登上五彩斑斓的彩虹之桥。在很多年过后，当我站在教练的最高平台之上，感念心中之圣人也依然是我的恩师——沈茂豪老师。当年老师的品德风范、为人育人的方式成为我人生的思想根基，恩师在体育之桥梁上所散发的人性的力量，深深影响着我。榜样的力量就如泉、如光、如根般如影相随，它们就如一束色彩斑斓之光束，照亮我前行之远方！不论什么样的环境，只要心怀梦想，总有动力在助我们成长。

　　同学们，当你们以后离开校园的时候也将面临这样的一种情景：站在工作岗位上的时候，我与世界相遇。那个时候我遇到的是这帮小孩，今天你们看到的卓成、淑伟，那个时候我的心里是一种什么样的状态呢？卓成十岁来到我身边，淑伟九岁来到我身边，那一刻我觉得他们将一生当中最美好的时光交给了体育事业，我的人生将与如花似玉般的生命从此相交相融。在平凡的日子里，即将奏响什么样的生命乐章？

哪一个成功登上顶峰的人心中没有傲视群雄的霸气？我二十一岁的时候，就给自己立下了人生目标：站到这个行业的最高位置上去，如果不走上去的话，有负一个个把青春奉献给体育事业的孩子。他们要走到世界冠军这个顶峰上去，因为只有到过那里，才能够知道世界是什么模样，我也想去触摸这个世界到底是什么样的。

运动圈内就是这样，一点一点地积累、一步一步地走上去。每天从早上六点训练到晚上九点，只有经历过的人才能知道持之以恒是可以产生那么多不可估量的能量。世界的美与丑，一切都是那么真实，攀上高峰，你会把这一切看得非常清楚。

因为奋斗，国歌在各种级别的运动赛场上一次次被奏响。国旗升起来的时候，那一刻我内心的感受是：我的国、国的我、家的国、国的家。我与国家的关系融为一体，国家之气在我心中升腾。当美好在全世界，并且以英雄般的气质绽放之时，你会感觉到个人的力量是那么清晰。在一次次的跌倒，一次次的爬起之后，内心会有很多的疑问：人到底是谁在驾驭着？人类到底离开原始时代为生存而掠夺物质的野蛮行径有多远？人类至今，文明程度是否只是在整理法则之外披上一件皇帝新衣？时间有何价值……同学们，如果你们心中也有这样的疑问的话，那么你们就来运动吧！

价值因为心的相遇发生了质变，起点不是未来，不是终点的等号。运动训练的确辛苦，因为我本身也是当运动员过来的，尤其是离家的那种苦是说不出来的。每年等着能够回家一次，不像现在的同学们可以有暑假和寒假，我们小的时候只能够等到每年年底的时候回家十天，那种思念家乡、思念亲人的感受至今仍非常清楚。我不愿意学生再重复这种苦，怎么办呢？训练之余我们共度生活中的美好时光，训练完我就带着这帮孩子骑上自行车到市场去买菜，晚上回来吃火锅。广东人都很讲究煲汤，那时我对煲汤一窍不通，但为了孩子们，我便逼着自己去学。

人生航道，心田所养，这是我的感悟。同学们你们离开学校时，同样也面临创业、就业的难题，这个阶段虽然青葱、虽然懵懂，但人性的真诚帮助我们摸着石头登上彼岸。在"因梦想成就冠军"整个过程当中最突出感觉的就是爱，那么爱什么呢？爱学生、爱事业、爱我们的国家。

专业知识在就业过程中也很重要。我当教练的时候，利用节假日时间到广州体院学习专业知识。在学习的期间碰到广州体院的刘先河老师，至今已过去三十年了，但是我对这位老师的印象依然非常深刻，因为他在上课的时候讲了一段话，而这段话马上就把我整个人改变了。那段话是这样说的：当我们进行力量训练时，体位、体姿与专项所需的越吻合、越接近，越能取得理想效果。因为我之前当运动员的时候，师傅教我引体向上、举重、俯卧撑，但是跳水、入水的时候头是朝下的，跳水的专项体位、体姿是倒立，所以我把之前的训练方式全部改变了。我为什么要讲这一段呢？因为同学们以后无论是就业还是创业，遇到一些问题要讲究方法，利用你们所学的知识，去思考、去面对你们遇到的问题，这是非常重要的。同时也要保持清醒、敏锐、好学的态度，这能帮助你们攀上高峰，成就自我！

　　在最开始训练期间我们没有出去参加任何比赛，只是打基础。那么在基础里头包含什么东西呢？技术、体能、信心、意志、目标、抗压，全方位的基础，不单单是技术的基础，而是全方位的技能提升。1988 年汉城奥运会，我带着卓成与淑伟去观看比赛，我当时就说："这就是你们未来的战场，这就是你们未来称王称霸的战场。"同学们你们能够说出这样的话吗？将来走出校门有这股心气吗？不管前路如何艰难，我们要勇攀高峰！

嘉宾胡恩勇、余卓成、孙淑伟、吴沙与同学们分享人生故事

　　同学们，目标决定了我们的行为，而行为背后是真诚的人性力量，帮助我们合力越过障碍，依次推开每一扇通向顶峰之门。放眼世界之内有天分、有才能者并不在少数，但唯有那些在毅力的帮助下，养成良好习惯并持之以恒之人，才能成就一番事业。

　　充满竞争的世界里头，细节决定成败。接下来跟大家分享一个故事，训练期间每次饭菜里有苦瓜的话卓成就不吃，一开始我不太在意。后来有一次我跟卓成说苦瓜挺好吃的，让他试试，他用非常坚决果断的语气回答：

"我不吃!"语气这么坚决,我觉得有点问题了。然后我就尝试着要改变他,将一点苦瓜包在其他菜叶里头让他吃,为什么要这样去改变呢?因为现实中有非常多不可控的因素等着我们去挑战,有很多是你不喜欢的,你不喜欢就能不面对?那行业的高峰怎么爬上去?二沙岛训练基地是在室内,但世界上很多比赛场地是在室外的,运动员会遇到各种恶劣天气,如果你不喜欢这样的天气,难道就不用比赛吗?我常常跟学生说:世界是不会因你的喜好而改变的,只有自身足够强大才能有更多的机会站在行业巅峰。

孙淑伟带领同学们学跳水动作

平常的日子当中注重细节的修炼,有助于成就人生不平凡品质。生活百味,吸取精华,练就适应世界、包容世界之心态才是成就大业之根本。而磨难永远都是成长的基石,在这个基石之上,盛开的是相惜相爱的人性之花。

(2016 年 5 月 25 日)

二、 现场提问环节

A 同学:训练期间,各位在二沙岛遇到什么困难以及有哪些印象深刻的趣事呢?这些经历对你们后来的发展有什么启发?谢谢。

余卓成:一个意料之外的困难就是我的腰椎板骨折,腰椎板骨折对于运动员来说是一个非常致命的内伤,而且目前来说这也是没有办法通过医学来治好的,在面对困难的时候是选择放弃还是继续?这个时候我们一方面积极寻找治疗办法,同时通过力量训练来加强肌能训练以解决因为腰椎而带来的影响。所以我们从力量训练开始加强腰肌的训练,逐步让我们的

学生提问

腰肌比一般的运动员能承受更强的强度。所以，我也希望同学们在面对困难和挫折的时候，能够积极地面对，积极地解决它，谢谢。

主持人：那我们孙淑伟先生也有话想说。

孙淑伟：是的。从我们刚开始训练的时候碰到了很多的难题，包括训练上、思想上和学习上的。但是，只要我们心中有目标，其实很多问题都不是问题，就如同胡教练所说的，有爱就能把所有的事情都完成了。所以我希望大家能让心中有目标，谢谢。

胡恩勇：其实我跟运动员们风雨同路，不抛弃不放弃。所以啊，成功就是在无数次倒下，再一次次咬牙站起来之中实现的。成功是百分之一的天分加上百分之九十九的汗水。

B 同学：尊敬的三位来宾，感谢你们的到来，并为我们带来精彩的演讲。我是 13 级汽车检测与维修专业的曾庆欢，在听这个讲座之前，我也对几位嘉宾稍微了解了一下。请问两位国家级的运动员怎么卸下那些辉煌的成绩去求学、去转行，然后做到如今这么优秀的成绩？因为对于我们来说，目前感觉自己的能力不足，要怎么样去支撑我们接下来该走的这段路？谢谢。

余卓成：对于运动员来说，确实花了很多的时间在训练中。是不是只要训练好，其他知识技能就可以不学呢？这肯定是不行的。我们要注重日常生活中怎样利用好业余时间去充实自己，更好地学习体育以外的一些技能。比如 20 世纪 80 年代，有了网络，人们开始使用电脑，我便利用业余时间学习计算机、Logo 设计，后来也学习了中医推拿的知识。所以不论在任何时候，我们都不要放过身边的老师、榜样，让我们把知识一点一滴慢慢建立起来，让我们慢慢变成一个小专家，谢谢大家。

三、 现场心理环节

各位在场的广州城市职业学院的老师、同学们大家晚上好，这个场所我并不陌生，因为去年我跟学校老师分享过一个有关生涯的议题。不知道大家刚听完我们胡教练和两位世界冠军的分享有什么感触，我在下面坐着的时候，有很多数字在我的头脑中不断地穿梭，比如说"十一"，我在想十一岁的时候我在干吗，各位你们十一岁的时候在干吗？比如十六七岁，这个年龄段是我们人生中很重要的一个阶段，我们很苦闷，得被家长、被老师逼迫着在学业上要取得某种成就，这么多年经历终于来到某一个终点上面，这算是成功吗？

这几年来一直在做生涯的议题，很多人对这个概念很模糊。什么是生涯？用一句话来概括就是，其实我们每个人的人生是由很多阶段所构成的，而我们每个阶段其实都有应该去做的事情，而把大部分人的成功经验总结为不同阶段的任务，似乎就告诉我们在这个阶段该怎么实现成功。我们的学生时代最高的成功标准或许是成为所在城市里某个区的状元；在职业生涯中，找到一个让我们终生无悔的岗位，给我们带来更多经济回报，似乎就叫成功。这些就真的是成功吗？今天通过我们三位嘉宾精彩的分享，我们不得不去思考，处在他们那个阶段，什么叫作一个成功的运动员？可能在所有人的心目中所想象的就是：拿到一份很满意的成绩单，获得冠军，获得荣誉，为国争光。这是某一阶段所必须去奋进的目标。所以这个目标让我们有一种动力。那相对你而言，为了考上一所理想的大学，你当年是不是也在不断地奋进，刻苦学习，付出努力？而拿到今天这样一份答卷，这就是成功吗？很多人只关心世界冠军最光鲜的时刻，却不关注此后为了进入下一个人生阶段，他们做了什么样的准备。其实我了解到的是，他们在所有人面前展现的是他们最辉煌的一面，但背后的付出和努力却都超乎常人。任何成功的背后都是有代价的。

我觉得今天胡教练在整个分享过程当中完整展示出怎样做一个好教练。今天这个社会告诉你，任何一个职业都要求你必须具备好学的精神，你如果能具备这份精神，其实一切困难都不是困难。但是前提是什么，就是他今天提到的关键词：爱心、责任心，爱和责任的背后所起到的作用是，能够让这些可能被所有人否定、底子不太好的弟子们去发掘各自的天赋，所以他不断去找寻更多的方式、方法。

成功是怎么出来的？是自己行动出来的；梦想是怎么出来的？是行动出来的，所以生涯规划在整个一百多年的历程中启示所有的人：不管想要成功还是想要梦想，你只有先行动，在行动当中，你自然可以看到梦想或成功的端倪，在行动当中，你自然能找到一条，属于你自己的成功之路。

嘉宾与广州城市职业学院党委副书记徐小锋合影

嘉宾与观众大合照

同学们围着胡恩勇教练索要签名

四、 学生征文精彩选段

广东广播电视台新闻广播副总监唐小芳（右二）
在第 11 期活动中为本期活动征文比赛获奖同学颁奖

人因为拥有了梦想，生命才显得与众不同。胡恩勇教练的分享让我们懂得梦想并非仅仅为了实现而存在，更重要的是，在追梦的过程中让自己成为更好的人，变得更加与众不同。

梦想不是空想，更不是做梦，如果只是拥有梦想却不敢去尝试、去努力实现的话，梦想如同虚设。因此拥有梦想，还得拥有实现梦想的意志力。世界上有两种人，一种叫作空想者，空想者的特点是不断地推脱，认为自己有的是时间，结果往往什么都没有实现。还有一种叫作执行者，在设定了目标后，积极去实现，在这过程中不断提升自己、完善自己，从而让自己在追梦的过程中变得与众不同。

——2015 级信息技术系软件技术专业朱泽丰

梦是一种欲望，想是一种行动，梦想是梦与想的结晶。人生，因梦想而精彩；人生，因奋斗而快乐。

作为大学生的我们，一定要重视学习，重视多学科的融会贯通，只有不断学习钻研，才能在个人事业上有所突破。前进的目标不动摇，直到攀上顶峰。追求是一种精神，更是一种意志，它可以使我们在人生的道路上更加踏实地走下去，在我们遇到困难时，它可以告诉我们要更加坚强。

越来越感受到年轻人有目标、有理想、有梦想的重要性了。这是我们前进的动力，这是我们行动的方向，这是我们人生奋斗的灯塔。唯有这样，我们的青春才能不老不死不休。

——2015 级机电工程系机电专业陈伟强

人必须一觉醒来就很清楚地知道今天要干些什么，才不会被遥不可及的梦想和无法掌控的未来给拖垮。当你清楚地知道你要做些什么的时候，你会感到生活是充实的，梦想亦是美好的，此刻你更懂奋斗的意义。

时钟在转，生命永不停息，留给梦想的时间越来越短。为了那个更好的自己，为了那个渴求的将来，自己要勇敢再勇敢。

——2015 商贸系物流管理专业邓康子

爱迪生破除万难，历经无数次失败，终为世界带来了光明；麦哲伦离家航海，在海上经历风吹雨打，终是证明地球是圆的。若不是梦在心中，追梦不息，如何能够实现梦想；梦在，追梦的脚步永不停止，哪怕梦想再大，也终会有实现的一天。每个人都不应想着梦离我们很遥远，其实梦在触手可及的地方，关键是要勇于追梦。

——2015 级公共管理系文秘专业叶小清

吴沙老师点评

　　梦想不等于空想、幻想。有人说，梦想就是能做自己感兴趣的事情。但是胡教练和他的弟子们当年却无法自主选择，所以梦想让他们不断厘清好教练和好运动员的规则，用行动缩小差距，直至最后的成功。

　　作为运动员的成功是取得金牌，为国争光；作为教练员的成功是带出世界冠军，甚至是更多的世界冠军。而胡教练的成功来自于他的好学和对弟子的爱与责任，随之而来的是对其弟子"因材施教"的科学训练方法。

附 录

附录一 "梦想激励人生"系列公益活动一览表

期数	时间	主题	内容	报道媒体
1	2012.9.23	所有梦想都开花	全国首位农民工人大代表胡小燕传奇人生分享会	广东新闻广播《与爱同行》
2	2012.11.9	不待扬鞭自奋蹄	珠江钢琴集团股份有限公司施少斌董事长奋斗人生分享会	广东新闻广播《与爱同行》
3	2012.11.17	让梦想照进现实	怀集县文星儿童福利中心大爱妈妈苏黄莲梦想分享会	广东新闻广播《与爱同行》
4	2013.5.29	让青春之梦起航	广东狮子会2013—2014年度会长、霍尼韦尔腾高电子系统(广州)有限公司董事蔡力司就业创业分享会	广东新闻广播《新闻周刊》
5	2013.12.5	用梦想点亮人生	广州白云山汉方现代药业有限公司董事长、总经理黄翔逍梦人生分享会	广东新闻广播《新闻周刊》
6	2014.6.25	将梦想付诸行动	广东省励志成才优秀学生典型苏达智励志人生分享会	广东新闻广播《新闻周刊》
7	2014.10.15	追梦路上不停步	中山大学女博士王玉"从大专生到博士生"风雨兼程求学路分享会	广东新闻广播《新闻周刊》
8	2015.6.10	引爆梦想核动力	广州市诚际投资发展有限公司董事长潘伟成"从五块钱开始"创业故事分享会	广东新闻广播《新闻周刊》
9	2015.10.21	坚守梦想不动摇	"中国2014年度十大知名赛车手"陈锦荣追梦历程分享会	广东新闻广播《新闻周刊》、广东电视台《新闻资讯360》、《信息时报》、《广东科技报》、《南方都市报》微信公众号
10	2016.5.25	因梦想成就冠军	国家级跳水教练胡恩勇及其世界冠军弟子余卓成、孙淑伟夺冠历程分享会	广东新闻广播《动听南粤》、广东电视台会展频道《资讯360》、广州电视台《直播广州》、广州电视台《广州早晨》

139

附录二 "梦想激励人生"平台启动、延展、后续活动图片摘选

（一）启动仪式

2012年9月23日下午，合作三方领导共同启动"梦想激励人生"系列公益活动（左起：心海榕社工中心心理专家于东辉、广东广播电视台新闻广播总监麦伟平、广州城市职业学院党委书记龙少锋、广州城市职业学院副院长熊军）

2012年9月23日下午广州城市职业学院党委书记龙少锋在启动仪式上致辞

广东广播电视台新闻广播总监麦伟平在启动仪式上致辞

心海榕社工中心心理专家于东辉在启动仪式上致辞

广东广播电视台新闻广播主持人尹铮铮主持启动仪式

启动仪式及第一期活动后全体师生与嘉宾合影

（二）延展活动

校企合作：广州城市职业学院领导与第二期嘉宾珠江钢琴集团董事长施少斌一行商议校企合作

公益捐赠：广州城市职业学院学生处长张荣烈代表学院向第三期嘉宾苏寅莲参与创办的怀集县儿童福利中心（原怀集县文星儿童福利中心）捐赠图书一批

勤工助学合作：广州城市职业学院学生处处长张荣烈代表学院与第六期嘉宾苏达智签署勤工助学合作协议

嘉宾表演：第九期嘉宾陈锦荣活动前表演赛车漂移

师生采访：师生代表到第十期嘉宾胡恩勇教练家中做前期采访

嘉宾收藏品展览：第十期活动前举办"国家跳水队礼仪服、领奖服及世界跳水冠军奖牌展"

签名墙互动：广东广播电视台新闻广播总监麦伟平、广州城市职业学院党委副书记徐小锋与第十期嘉宾在签名墙前互动

励志爱心行：广州城市职业学院学生处副处长古瑛连续6年带领师生到第三期嘉宾苏寅莲参与创办的怀集县儿童福利中心开展"梦想激励人生"励志爱心行活动

（三）后期活动

征文比赛和主题班会比赛：广东广播电视台新闻广播总监麦伟平为"梦想激励人生"主题活动比赛获奖单位颁奖

演讲比赛：第七期活动后举办"梦想激励人生"演讲比赛

社团建设：励志社的成员与梦想阶梯

附录三　我和"梦想激励人生"的故事

（一）我的励志社和"梦想激励人生"

戴小霞（2011 级城市建设工程系房地产经营与估价专业）

时间过得飞快，2017 年的 6 月 7 日刚刚参加了我们励志社的五周年社团庆祝大会，也就意味着我们的励志社已经 5 岁了。作为第一届社长的我，看到我们社团从第一届的 38 个社员发展到如今 100 多号人的大家庭和创下"梦想激励人生"十三期的成绩时，打心底为励志社感到高兴，为我是励志社的一分子而感到自豪。

在接触励志社之前，我是零社团人士，无社团无组织，有的只是 11 级房地产经营与估价专业这个团结的大家庭，我担任的是学委。那年我大一，在旭同学和朱敏老师的推荐下，帮学生处成立了励志社。跟韦雯等同学，从一开始的宣传、招新，到干部竞选，每次重要活动的举办，我们都在践行"台上一分钟，台下十年功"的真理。特别是身为第一届的干部，没有师兄师姐传授经验，没有前车之鉴，只能自己摸索，不断地犯错，然后不断地纠正。渐渐地成熟，最后得心应手。其中的艰难可想而知，因为身份的变化带来责任的变化。从一开始的只需听从安排到现在的要自己想、自己统筹整个社团；从一开始的只需做事无须上台发言到现在的要安排开会、上台发言，对上对下还要沟通；从一开始的每天充足睡眠到现在的每天熬夜，有时候午觉也成了奢侈；从一开始的被动到现在的主动；从以前的低要求变成"被高要求"。曾经好几次在困难面前我也想过放弃，有时候是身体的问题，有时候是压力的问题，有时候是沟通的问题，有时候是技术的问题。但是我都坚持着扛过来了，因为我们励志社承担着重大的责任，因为它是为家庭经济困难学生与社会接触而搭建的互动平台。本着"传递社会关爱、锻造自强之才"的宗旨，为实现成才之梦提供关爱之翅，进一步推动和谐校园的建设，我想让我们家庭经济困难学生自信起来。

为此，我们的励志社成立后的第三个月也就是 2012 年 9 月 23 日就承办了我们院级大型讲座活动"梦想激励人生"的第一期"所有的梦想都开花"——全国首位农民工人大代表胡小燕传奇人生分享会。一场讲座分前期工作和后期工作，讲座的前期工作从宣传到组织各个系的家庭经济困难学生预报名，再到邀请教师嘉宾等全是在完全没有经验的基础上自己摸索。因为那时候刚开学，也就意味着我们的筹办时间只有短短的 2 周时间。我们励志社的每个部门都没有闲着，宣传部忙着制作海报、申请贴报日期、班级群宣传、管理微博宣传；外联部忙着邀请嘉宾；组织部忙着收集和统计预报名人数，还要确认当天务必提前到场；助学部除了要协助助学中心整理助学贷款等资料之外，还要协助我们社团内的各个部门工作。后期工作也就是讲座结束后我们励志社要负责收集和整理讲座听后感的征文。尽管时间紧急、任务艰巨，但是我们励志社做到了。尚未配妥剑，转眼便江湖。我们的讲座圆满成功，让我们的同学在大礼堂里感受小燕姐的梦想带给她的不一样的人生。她用十年的时间，实现从农村进入城市，从生产岗位进入国家议政会堂，完成了一段近乎完美的人生旅程。这十年不仅是一段传奇，还是一个人不断追求全面发展的思考。

小燕姐让我们学会了拥有梦想的同时，也告诉我们只要你坚定实现梦想的信念，不畏艰难，前赴后继，一个个不可能就能够变为现实。一个农民工都能够凭借自己的意志不断地创造奇迹人生，作为大学生的我们更应该付诸行动让梦想变为现实。感恩学校给予我们在校大学生这样的平台去感知、去改变自己，有了别人真实的人生经历，我们就有了相信的力量支撑我们去实践。

转眼间我毕业也有三年了，此刻，我刚从大理旅游回来，感受完富有灵气的大理，整个人都充满了活力。旅游，其实就是给自己忙碌的生活来一些慢节奏的仪式。去不同的地方旅游，这是我大学时候的梦想，因为家里经济不好，所以旅游对于我来说很奢侈。但是现在工作后可以通过自己的劳动收入去实现自己的梦想，去不同的地方感受当地的文化，去拓宽自己的眼界，那种感觉棒极了！

这个世界上像莫扎特一样闭着眼就可以弹出优美乐曲的天才总是极少的，更多的是认认真真地克服了很多怯弱和恐惧，没有把握却必然地摸索到下一阶段人生的平凡人，但是这更棒，不是吗？

愿你的人生也因为梦想而被照亮。

（二）我如果有梦，梦一定要够疯

黄美璇（2013级财会金融系会计专业）

"梦"，是相信的力量，循着微光去追求那份积存已久的渴望。轻轻地哼唱着，在潺潺流逝的时间长河里，只因用尽全力地追逐过，我无悔。我如果有梦，那梦一定要够疯。

1. 迷茫：种下梦想之籽

似乎还没有从高考失利中走出，我就匆匆忙忙地迎来了大学生活。家庭的贫困让我一筹莫展，日复一日的忙碌，让日子变得更加迷茫起来。"专插本"这个梦，就像一粒种子，撒播在心灵的土壤里，尽管它很小，却可以开花结果。这个梦植根在心底，是在一次偶然机会。2014年10月15日晚上，广州城市职业学院第七期"梦想激励人生"活动在南校区举行，那次活动邀请的是我院从大专生成长为博士生的王玉师姐，她不甘心高考分数，来到广州城市职业学院后发奋努力让自己成为更优秀的人，师姐跟我们分享了如何行走在求学的美好道路上，经历专插本、考研、考博的心路历程。听了她的讲座，我的心情竟是难以平静。"专插本"这个梦，令我梦魂萦绕。

记得那天讲座结束之后，我一回到宿舍立马开始查资料，上广东省专插本考试网了解考纲和主要考试内容，看历年招考人数和录取分数线，最终经过多方比较，锁定了广州大学行政管理专业。当我把这个在我看来是多么令人激动的想法告知身边的人时，同学们冷嘲热讽，家人不理解、不支持，好朋友担心和忧虑。已经考上五邑大学的师姐劝我读五邑大学会计专业，不要去冒险，毕竟广州大学竞争激烈，分数线高。在周围一片反对的声音中，我有些犹豫了。然而，当我点开学校首页新闻，看到关于王玉师姐那次分享会的新闻后，我的梦再次被点燃。王玉师姐说"给自己好的预期目标，坚持下来，你就会成功"。广州大学对我来说是遥远的梦，也是一个疯狂的梦。当别人认为我疯癫的时候，我知道，我已经在路上了……

2. 坚持：耕耘梦想之树

为了实现近乎让人疯狂的"广大梦"，我联系了考上广州大学的师兄，听取前人的考试经验，打有准备的仗。我制订好学习计划，合理安排实习与备考的时间。备战专插本的日子是辛苦的。当别人还在梦中时，我已早早起床，简单洗漱、早餐后便快速到课室复习，这一待就是一整天；看过通宵达旦的自修室，迎接过数不清的日出。每天平均只睡 4 个小时，复习到深夜 2 点是家常便饭，有时甚至因为太晚就直接趴在自修室桌子上睡觉。每当我坚持不下去的时候，想想王玉师姐也是这么经历过来的，反问自己还有什么资格说累？在迷茫、焦虑中，我知道凤凰经过涅槃，才可以重生。就如刘亚洲在他的《给儿子的一封信》中写道：黎明前最黑暗，胜利前最绝望，成功前最迷茫。人生总得经历过风风雨雨，风雨过后才能见彩虹。追梦的路上有泪水和伤痛，忙碌的时候不忘抬头看看蓝天，不忘看看变换的季节，不忘看看一直陪在你身边给你鼓励的人。

很多人也有梦想，但他们只是说说而已；很多人也想去实现梦想，但他们总是在等待，等待机会来临，等待条件成熟，等待万事俱备。然而梦想又岂是说说就能有，等等就能来的呢？

3. 喜悦：收获梦想之花

虽然进入广州大学读书已接近一年，但我仍清晰记得收到录取通知书时的场景。我抬头仰望天空，那天的太阳那么刺眼，我还是努力睁开双眼，看着头顶的这一片天空，所有的苦与累在这一瞬间化为乌有，留在记忆长河的是自己青春奋斗的岁月。梦想是人一生中追求的目标，只有奋斗和拼搏，才会梦想成真。我如果有梦，梦一定要够疯。疯狂的"广大梦"我已经实现了，那你的梦呢？

4. 铭记：感恩梦想之源

离开广州城市职业学院这个大家庭，投入到广州大学的学习生活中。日子在充实、忙碌中一天天过去，学习、比赛、活动、讲座、兼职……每当别人看着我不停旋转的身影而好奇我小小身躯所散发出的巨大能量时，我只是莞尔一笑。内心的坚定让我清楚知道自己每一次选择背后的意义。同时，母校"梦想激励人生"系列活动带给我的影响又是久远且意义重大的。未来的路能够走到哪里，未来是否可以复制王玉师姐的神话，虽然现在无法知道答案，但我知道，只要有了梦想，并努力为之实践，未来还会遥不可及吗？

再次感谢"梦想激励人生"系列活动带给我的改变与成长，让我在青涩的岁月遇到了最好的自己，也祝愿母校能够桃李芬芳，枝繁叶茂。

（三）在 2016 年毕业典礼上的感言

劳鸣鹤（2013 级信息技术系计算机应用技术专业）

尊敬的各位领导、老师，亲爱的同学们：

大家上午好！

我是 2013 级信息技术系计算机应用技术（IT 运维服务）专业的劳鸣鹤，非常荣幸今天能够在毕业典礼上代表 2016 届毕业生发言。首先请允许我代表全体毕业生向辛勤培育我们的领导、老师们表示衷心的感谢！同时，也请大家把掌声送给我们每一位毕业生——因为是我们一起用精彩的成长经历丰富了刚刚过去的三年的广州城市职业学院的生活，更因为，我们各自创造了属于自己独一无二的大学记忆！

此刻我的脑海中闪现着无数大学生活的画面：军训、自我介绍、课室、饭堂、宿舍、图书馆、操场、大礼堂、南校区、北校区、海珠校区、麓湖、广园新村、省市院各大专业竞赛赛场……一幕幕的场景就像一张张鲜活绚烂的剪贴画，串连成一部即将谢幕的电影，播放着大学三年来成长的快乐和忧伤，记录着逝去的青春与过往，也见证着师生间的情深义重。

大学三年究竟意味着什么？在我看来，它意味着拼搏、意味着收获、意味着感恩！三年来，我连续两次获得国家奖学金，先后获得 20 余项省、市、院级技能比赛的奖项，如今我还实现了自己的梦想，顺利成为信息科技公司的一名 Android 开发工程师！

但是，如果我告诉大家我上大学前的样子，你们一定不会想到我竟然会成为大学"学霸"——我高中时因为家庭经济困难，内心非常自卑，学习成绩班级倒数，高考也只是以刚过投档线的成绩考入广州城市职业学院。

此刻，大家是否有点好奇？广州城市职业学院究竟有什么魔力，让我这个腼腆自卑的青涩少年发生了如此翻天覆地的变化？借今天这个机会，让我向各位领导、老师、同学们好好汇报一下我的成长历程，我相信，通过我的故事，大家可以重温广州城市职业学院这所母校的魅力。

大一刚开学，在"大学生心理健康教育与训练"课上，辅导员老师在黑板上写下了"国家奖学金"几个大字，引导我们大一新生要做好大学三年的学习规划。国家奖学金 8 000 元的奖励金额让我这个特困生内心突然产生了一种前所未有的冲动：如果我能够得到国家奖学金，我就不用让家里操心我的学费了啊！但，这个冲动只是一闪而过，"在校期间学习成绩优异，社会实践、创新能力、综合素质等方面特别突出"的评选条件让我望而却步，国家奖学金对于当时的我，是一个梦，但仅仅是一个想了一想的梦。

神奇的变化发生在 2013 年 12 月 5 日，学院大型的感恩励志教育活动"梦想激励人生"第五期在学院大礼堂举行，也就是今天举行毕业典礼这个地方，当时的分享嘉宾广州白云山汉方现代药业有限公司董事长、总经理黄翔分享的追梦故事深深震撼了我！黄总身高不足 1 米 6，同样来自贫困的农村，同样曾经学习成绩很差，只是在某一天突然有了要帮助父老乡亲脱离贫困的梦想，于是发奋读书，取得了让人骄傲的成绩并实现了梦想。这个讲座，让我内心迸发出一个强烈的声音：一个看上去那么一般的人能够实现梦想，同样看上去一般的我为什么不能实现梦想?! 别人比你聪明并不可怕，可怕的是你不去努力！

于是，我开始了向"国家奖学金"发起冲击的追梦历程！

"国家奖学金"要求学习成绩优异，我就每节课都坐到第一排认真听课，努力完成每一次的作业，到图书馆刻苦钻研，挑灯夜战复习功课，让自己每一门课程的考试成绩都名列班级前茅。

"国家奖学金"要求社会实践特别突出，我就克服自卑与腼腆，勇敢挑战自己去担任学生干部。大一以来，我除了担任班长、14 级新生班导、信息系团总支部组织部干事和语言艺术学会副会长以外，还担任了信息技术系教务员助理，协助教务员完成系教学教务管理工作。身为班长，我积极组织班上同学参与各种校内外实践活动，比如到社区义务教长者们电脑以及参加学校的各种比赛，在和班委的共同努力下，我所带班级连续两年获得学院"先进班集体"称号。我本人也先后获得"广州市优秀学生""广州市优秀共青团员标兵"以及学院"筑梦青春、感动广城"年度自强人物等称号。

"国家奖学金"要求创新能力、综合素质特别突出，我就在老师的推荐下，加入了系里的创新创业团队。在优秀的老师和小伙伴的影响下，我积极参加各种各样的专业技能比赛和创新创业活动，先后获得了 20 多个省、市、院级专业赛事的奖项，如粤港澳大学生移动应用设计大赛二等奖和三等奖各一项、全国大学生物联网设计竞赛（广东组）三等奖、广东省移动互联网应用软件设计大赛三等奖、广东省第 25 届"蓝盾高校杯"软件设计及信息安全竞赛优秀奖、学院电商大赛一等奖等。

在这一过程中，我没有了课余在寝室休息的时间，没有了轻松的周末，经常在深夜 1 点才熄灯睡下。身边很多朋友都问我"你把自己弄得那么累干吗",是的,我曾不止一次想过放弃,大二的时候,曾经动摇的我再次参加了"梦想激励人生"活动,第七期的分享嘉宾是我院的毕业生,如今是中山大学博士生的王玉,她的分享让我再次坚定自己的梦想,确信"追梦路上不停步",平凡的她能够做到,我也同样能够坚持!

如今,我的"国家奖学金"梦想实现了,大学三年的学费和生活费全部靠自己努力用各类奖学金以及勤工助学的工资来埋单,没有给家里增加过负担。如今,我还凭借自己的实力与许多本科生一起成为信息科技公司的一名 Android 开发工程师。

其实,我觉得,我并不优秀,只是幸运地在我青春最绽放的日子里,来到了广州城市职业学院!

广州城市职业学院独特而有震撼力的校园文化活动激发了我的梦想,让我明白,起点一般的我一样可以拥有成为优秀的人的梦想,如果我要变得更优秀,就得向比我优秀的人学习,学习他们优秀的地方。

广州城市职业学院富有专业特色的、丰富多彩的校园文化活动为我搭建了与优秀的老师、同学相遇的平台。让我发现,在尽善尽美地去完成每一件事情的过程中,你会滋生新的想法,学到新的知识,提高了为人的风度,坚定了做人的品性,而这些想法、知识、风度和品性正在逐渐帮助你成为一个拥有终身竞争力的自己!

此刻,我的内心升腾起一个新的梦想,那就是,我希望,若干年后的自己,通过不懈努力,取得成绩,能够作为"梦想激励人生"分享嘉宾回母校与师弟师妹们分享我的追梦故事。因为,过去,我曾经被别人激励,未来,我也要激励别人!这是每一个懂得感恩的广城学子应有的情怀,请大家在我毕业之际见证我的梦想!

以上是我在学校三年的故事,我相信,在座的每一位毕业生,三年来,在广州城市职业学院这个大熔炉里,每个人都获得了属于自己的成长和蜕变,此刻,总有太多发自肺腑的感谢怕来不及说出口,在今天这个即将毕业的特别时刻,让我们都勇敢地说出心里的话吧:

感谢亲爱的父母,你们为我们倾注和付出了太多太多,感谢你们20多年来含辛茹苦的养育和栽培!

感谢亲爱的老师,不管课堂上,课余中还是实习期间,你们总是耐心教给我们宝贵的知识和做人的道理,给稚嫩迷茫的我们指引前行的方向!

感谢亲爱的母校,为我们创造、搭建和提供学习求知的环境和发展才干的平台,为我们插上了实现梦想的翅膀!

感谢亲爱的同学、室友、一起疯狂的社团人、一起参加活动与比赛的队友们……你们给了我人生中最纯粹的友谊和力量！

同学们，毕业是伤情而张扬的告别。今天，我们即将离别，让我们都跟自己的老师、同学、舍友再合张照吧，认真保存好每张合影，因为合影上的灿烂笑容将定格在记忆中；让我们用力拥抱每一个我们喜欢、我们欣赏或曾经帮助过我们的人，因为很多人，此生难再重逢；让我们对曾经起过争执冲突的人说声"对不起"，不再追究谁对谁错，因为我们不想把友情的缺憾带入今后的生活；也让我们在送别的时候，别泪水涟涟，因为我们应更多地记住彼此灿烂的笑脸！

最后，让我们共同祝愿母校全体老师工作顺利，身体健康！祝愿师弟师妹们学业有成，实现梦想！祝愿所有毕业的广城学子在今后的人生道路上做最好的自己，拥有健康幸福的人生！祝愿广州城市职业学院——我们的母校在发展的征程上继续人才辈出，再铸辉煌！

谢谢大家！

（四）我的蜕变与"梦想激励人生"

曾庆欢（2013 级机电工程系汽车检测与维修专业）

"时光飞逝，容颜变了，性格变了，但不变的是梦想……"

梦想是寒雪中的温暖；梦想是他乡遇故知；梦想是黑暗中的光明；梦想是航船避暗礁；梦想是沙漠中的泉水；梦想是久旱逢甘霖。是它，让我在前进的路上迎难而上。你知道吗？在茫茫大海漂泊的日子里，我终于找到了一个可以依靠的躯壳，也许上天对我很眷顾，让我遇到了一个如此神圣的舞台——"梦想激励人生"。

此刻，你是否有点好奇？"梦想激励人生"究竟有什么魔力，让我这个腼腆自卑的青涩少年发生了如此翻天覆地的变化？神奇的事情发生在2013 年的 12 月 5 日，学院大型的感恩励志教育活动"梦想激励人生"第五期在学院大礼堂举行，显眼的大标题"用梦想点亮人生"悬挂在舞台中间，显得格外的霸气与亲近。当时广州白云山汉方现代药业有限公司董事长黄翔分享的追梦故事深深震撼了我！

每每回想起黄董的分享，我都记忆犹新。当天晚上黄董分别以"青少年时代，梦想把我从混沌中唤醒""大学时代，用梦想指引自己的人生规划""实现梦想，迈好走向社会的第一步""实现梦想，夯实事业的基础""追求简单而幸福的人生"为题，跟我们分享了自己童年、少年、成年刻骨铭心的奋斗经历。在他的身上，我找到了自己的影子，同样怀揣着梦想，一样要经历困难与挫折，截然不同的是黄董已经取得了巨大的成就，然而我在梦想面前却束手无策，连迈出第一步的勇气都没有，是您，给我足够的勇气打开了自卑的枷锁。

会后，翻开了自己在黄董演讲时做下的笔记，我愣住了。心里在想"黄董是用了什么魔力，竟然能在台上那么自如地通过言语将整个追梦的过程编制成栩栩如生的画面"，顿时心里既欣慰又忐忑，欣慰的是：我第一次发现演讲这么神奇，不仅能表达出演讲者的心声，而且能让倾听者更容易接受并产生共鸣。忐忑的是：如何战胜自己的胆怯？如何让自己的实力变得强大些？

这时，耳边传来了一段让我颇为振奋的歌声：

我相信我就是我

我相信明天

　　　　　我相信青春没有地平线
　　　　　　在日落的海边
　　　　　　在热闹的大街
　　　　　都是我心中最美的乐园
　　　　　我相信自由自在
　　　　　　我相信希望
　　　我相信伸手就能碰到天

　　从那一刻起，我下定决心，一定要让自己变得强大起来，相信自己一定可以！

　　"天将降大任于斯人也，必先苦其心志，劳其筋骨，饿其体肤，空乏其身，行拂乱其所为。"的确，不经一番寒彻骨，哪来梅花扑鼻香？想要在台上表达自如、侃侃而谈，对我来说谈何容易啊！为了提升自己的演讲水平，让自己变得强大起来，在大学期间我定下了几个小目标：①提升口语表达能力，虚心请教指导老师，让老师指出不足之处，然后私底下重复加以锻炼。②提高逻辑思维的严谨性，遇到难事做笔记，运用"思维导图"的理念来处理繁杂琐碎的事。③提升适应舞台实战性的能力，积极参加学院举办的各类竞技比赛，不轻易放过每一个能上台的机会。④提升台上应变能力，遇到不懂的问题，亲自查阅相关资料。经过一次次的触礁、一次次的锻炼，一次次的努力，我先后荣获学院"专业—行业—就业人才分析大赛"一等奖、"简历大赛"一等奖、"优秀团员标兵"一等奖、"国家励志奖学金"、"学院一等奖学金"、"优秀学生"等荣誉。这些荣誉让我信心倍增，让我感到前所未有的自豪，并带着这份自豪迈出社会。

　　我知道，成长是蜕变的过程，经不住痛的蛹最后变成了飞蛾。而那些经得住漫长的等待，经历过沧桑磨砺的蛹，终于有一天，破茧成蝶，带着自己的梦想，翩然飞向高空。而我将会用尽青春时光努力学习，坚定信念，让青春载着梦想，扬帆起航！

（五）我与"梦想激励人生"的那些事

曹淑霞（2014级信息技术系物联网专业）

像蝴蝶飞过花丛，像清泉流经山谷，在记忆的时空，大学生活，恰似五彩斑斓的画面，又如欢快跳跃的音符。如果说大学生活是一本书，那么"梦想激励人生"这个活动必将是这本书中最精彩的一个章节。凝视落日的余晖，倾听和风的声音，勾起我无尽的回忆……

1. 初次见面，"梦想激励人生"你好

"梦想激励人生"邀请了中山大学博士生王玉回校分享她从大专生到博士生的求学路。活动当天，作为一名小干事，我穿上靓丽的红色社服，按照师兄师姐事先安排好的任务站在大礼堂的走道维持秩序，活动还没开始就已座无虚席，在我们加凳子的情况下还是满足不了现场人数，同学们干脆坐在前面的地板上或者站着听。

会上王玉师姐跟我们分享了很多，但有句话却在我每次停滞不前的时候用力地拉了我一把，王玉师姐说："尽自己最大的努力，坚持不懈地向上走。"听讲座之前，舞蹈基础为零的我不知道是否还能坚持自己的兴趣，是否能坚持每天重复舞蹈室、课室、饭堂三点一线的生活，是否能坚持训练，即使手脚瘀青……王玉师姐的话让我感触颇深，我想师姐能做到的我也一定可以！后来的日子，每次排练我都尽自己最大的努力，慢慢地，一个以前舞蹈基础为零的我代表社团，代表系里，甚至代表学校参加广东省舞蹈比赛，以前做梦都没想到的事情竟都在我身上实现了。初次见面，"梦想激励人生"，今后让我们都尽自己最大的努力，坚持不懈地向上走。

2. 谢谢你！"梦想激励人生"

完美邂逅了"梦想激励人生"的第一次，余下的我都不愿错过，我希望这个活动能举办得更有声有色，我希望能有更多的人和我一样从中受益，于是接下来的每次活动我都有参与，不断地学习与积累，最终成了活动的负责人，负责举办了"中国2014年度十大知名赛车手"陈锦荣追梦历程分享会及赛车漂移表演。

因为活动需要跟嘉宾对接，所以慢慢地和陈先生熟悉之后，发现陈先生其实非常平易近人，而且很会为他人着想，好几次到校都是由我接待陈先生，他每次都会跟我说不用太过于在意他，先去忙其他事情。这让我觉得他更像我们的一个大哥哥，所以后来我更是直接叫他荣哥了。学校聘请了荣哥当我们励志社的指导老师，在此之后他也常抽空来学校给我们的同学上课，跟我们一起参加活动，还邀请同学们去体验赛车的感觉。荣哥不仅在台上教会我们懂得坚持、懂得感恩，而且在日常生活中他更是通过实际行动回馈社会，对我们这些家庭经济较为困难的学生很是关爱。虽然我们的联系并不是那么频繁，但荣哥有时会通过微信，了解我们的学习情况、实习情况，偶尔还会把他自己新唱的歌放到群里跟大家 K 歌。感恩"梦想激励人生"让我获得意外的友谊。

3. 我和"梦想激励人生"的故事，未完待续

"梦想激励人生"第六期到第十一期，我一直都有参加，扮演的角色一直在改变，唯一不变的是每一次参加，我都有新的心得体会。人有悲欢离合，月有阴晴圆缺，临近毕业的我，心中有万分的感慨。三年的时光犹如白驹过隙，就这样欢歌、纵笑，就这样挥汗、洒泪，就这样相识、相聚，甚至都来不及好好地道别，转眼间就要各奔东西，但我与"梦想激励人生"的故事未完待续……

（六）追梦路上不止步

余秋玲（2015 级食品系食品营养与检测专业）

梦里能够到达的地方，总有一天，脚步也能到达。

——题记

小时候，老院子里那棵老槐树下的青石板上镌刻着当时年少懵懂时候的梦想……长大后，发现外面的世界很精彩，实现梦想的道路却很艰辛……但是成年人的世界里从来就没有"容易"二字，每当你快坚持不住、想要放弃的时候，想想这个世界上还有很多比你更加优秀的人，他们都还在坚持，你还有什么理由说放弃？试问，我们这样苦苦地坚持是为了什么呢？或许就是为了在暮年追忆时不会因为虚度年华而感到悔恨，不会因为碌碌无为而感到羞愧吧。我一直坚信梦里能够到达的地方，总有一天，脚步也能够到达！

没有梦想，生活就像一条发酵的咸鱼。所以，我试图通过十余载的寒窗苦读最后终于通过高考成功地带着我的梦想翻越过一座座大山来到城里读大学。因为一次偶然的机会，我幸运地加入了励志社成为外联部的一名小干事。在 2015 年 10 月 21 日陈锦荣追梦历程分享会暨赛车漂移表演中代表励志社社员担任维持秩序的工作人员，在南校大礼堂听陈锦荣先生分享了他精彩的追梦历程。同样作为一个不折不扣的农村孩子，陈锦荣先生在 13 岁第一次摸方向盘的时候就产生了赛车梦，从那以后，他便会攒下早餐钱去看一场卡丁车比赛，省下零用钱去买赛车杂志。最后他拥有自己人生中第一辆方程式赛车，并在后续的训练和比赛中获奖无数，成为界内的一段传奇"神话"。

因为励志社，我和"梦想激励人生"结下了不解之缘。我们的故事便由此展开……每一场梦想激励人生的舞台上都不乏功成名就的"大人物"，他们公益出席参加活动通过分享自己精彩的人生经历给台下的莘莘学子带来深刻的体会和感悟。

再回过头来看看我自己，一个来自农村，相貌平平、资质一般、空有一腔热血的女孩在实现自己梦想的道路上屡屡碰壁，曾经想要放弃，但最后还是坚持了下来，在追梦的路途中风雨无阻不止步。每当自己快要撑不住的时候就想想陈锦荣先生用了整整 18 年坚持自己的梦想！每当自己开始怀疑自身能力的时候就想想胡恩勇教练那种培养世界冠军就要出"狠招",不能只用说教式的教育!每当自己想要半途而废的时候就想想石欣队长对公益事业的热忱专注与不放弃!每当被旁人冷嘲热讽的时候就想想陈华先生对自己梦想的长期以来的执着和坚守!成功的道路上从来就不拥挤,那是因为从来就没有人可以随随便便成功。

如果你想要抓住成功的机会就只能靠自己努力去争取,只有勇敢地踏出第一步才会有成功的可能性。大学期间,我一边努力完成好自己的学业,一边参加各种活动……既然选择了远方,便只顾风雨兼程!勇敢主动的出击使我比别人有了更多的机会锻炼自己,同时也让我的大学生活充满了乐趣,让我拥有一段充实和丰富的人生经历。大三实习在即,当班上的同学还在不停投简历找工作,苦思冥想地改简历,练习面试技巧的时候,我已经在几家通过面试的公司里挑选适合自己的职位,准备实习协议的签订事宜;当同一批进来的同事还在为自己的工作业绩愁眉苦脸的时候,我已经凭借自己优异的工作和管理能力晋升为代理店长,为上级领导排忧解难、分担工作。我,还是那一个我,却因为怀揣着梦想,勇敢大胆、自立自强、善良朴实、坚持不懈在寻梦的路上不止步而变得跟以前大不一样!

励志社对我而言是一个像家一样存在的社团,在这里我们可以聚集家人们的力量,通过"梦想激励人生"这个活动去帮助更多像我们一样来自农村的家庭经济困难学生走出困境,让我们在这个过程中不断获得成长和进步。大学在校时光总是最令人怀念的,而励志社更是我感情寄托之处,社内的各项活动又属"梦想激励人生"最有意义和价值。我为我是"广城人"而骄傲;我为我是"励志人"而自豪!我和"梦想激励人生"的故事缘起于励志社,也因励志社而续缘!相信未来,我和"梦想激励人生"的故事会更加精彩!只要不停下前进的脚步,梦里能够到达的地方,总有一天,脚步也能到达。